DIE OMA GIBT DEM MEER DIE HAND

Vera Ferra-Mikura

Illustrationen von Barbara Resch

Verlag Jungbrunnen Wien–München

CIP-Kurztitelaufnahme der Deutschen Bibliothek

Ferra-Mikura, Vera:
Die Oma gibt dem Meer die Hand / Vera Ferra-
Mikura. – Wien; München: Verlag Jungbrunnen,
1982.
ISBN 3-7026-5551-4

Die Oma biegt in die Schwalbengasse ein.

Um die linke Hand hat sie zwei Hundeleinen geschlungen. Mit der rechten Hand umklammert sie die Henkel der vollen Einkaufstasche.

Die beiden Hunde, die an den Leinen zerren, gehören nicht ihr.

Der weiße Hund gehört einer Frau vom Nachbarhaus. Der schwarze gehört einer Familie, die im Hinterhof wohnt.

Immer, wenn diese Leute Urlaub machen, geben sie der Oma ihre Hunde in Pflege.

In ihrem Briefkasten findet die Oma eine bunte Ansichtskarte.

Die Frau, die im Nachbarhaus wohnt, hat sie ihr geschickt.

Auf der Ansichtskarte ist das blaue Meer zu sehen, ein weißes Hotel und eine Dattelpalme.

Die Oma steckt die Karte zu den anderen Karten an die Glastür der Kredenz.

An der Tür ihres Küchenkastens fließt schon ein Meer ins andere. Über die Glasscheibe fahren Fischerboote und große Passagierschiffe. Wenn die Oma die Karten ein bißchen verschiebt, fährt ein Dampfer mitten hinein in eine Tiroler Almhütte. Oder ein Kamel steigt über einen Wolkenkratzer hinweg.

Die Oma weiß längst, wie das Meer aussieht. Sie kennt es auch von ihrem alten Fernseher, nur ist es da schwarzweiß und nicht blau oder grün oder golden schimmernd. Dafür bringt der Apparat aber die Stimmen des Meeres in ihre Wohnung. Sein Tosen und Brausen und Dröhnen. Am besten gefällt der Oma, wenn das Meer über einen flachen Strand spült und leise kichert.

Die Oma bewundert das Meer. Doch in Wirklichkeit hat sie es noch nie gesehen.

Die Oma füllt zwei Schüsseln mit Hundefutter und stellt sie weit voneinander entfernt auf den Boden, damit die Hunde nicht streiten.

8

Sie gibt dem Fliederbäumchen, das ihrer Nachbarin gehört, frisches Wasser. Die Nachbarin wird sich freuen, wenn sie aus dem Krankenhaus kommt, denkt die Oma, das Bäumchen hat bei mir fünf neue Blätter getrieben.

Sie geht auf den Trockenboden hinauf. Die Luft dort oben ist stickig und riecht nach Ruß. In einem goldenen Lichtstreifen tanzen winzige Staubteilchen. Wie die Tupfen im Mineralwasser, denkt die Oma.

Sie nimmt ein paar Wäschestücke von der Leine und trägt sie in ihre Wohnung hinunter.

Die Wäsche gehört ihrer Tochter, dem Schwiegersohn und den Enkelkindern. Die Oma ist überzeugt, daß sie Blusen, Hemden und Sommerpullis schöner wäscht als die Waschmaschine. Deshalb nimmt sie feinere Sachen immer zu sich nach Hause und wäscht sie in einer Plastikwanne.

Die gebügelte Wäsche trägt sie in die Krautschneidergasse. Dort wohnt die Tochter mit ihrer Familie.

Lotte ist Kassierin in einem Warenhaus. Erich, ihr Mann, ist Bahnangestellter. Der kleine Hannes ist den ganzen Tag im Kindergarten. Julia, seine große Schwester, ist den halben Tag in der Schule.

In der Wohnung ist es still. Auf dem Tisch steht das Frühstücksgeschirr. Mit Resten von Kaffee, Kakao und Hagebuttentee. Brösel liegen herum. Die Oma tupft einen Klecks Erdbeermarmelade vom Tisch und leckt die Marmelade vom Finger.

Die Oma wäscht das Geschirr, trocknet es ab und räumt es ein. Sie putzt die Herdplatte. Dem Schnittlauch am Fenster gibt sie frisches Wasser.

Die vier Betten sind zerwühlt. Die Oma schleppt Decken und Kissen zum Lüften auf den Balkon.

Der Spiegel im Bad ist mit Spritzern von rosa Zahnpasta übersät. Die Brause ist schlecht abgedreht und tropft. Ein Stück Zitronenseife schwimmt im Waschbecken. An der Kachelwand klebt ein himmelblauer Kaugummi.

Die Oma bringt alles in Ordnung.

Zuletzt liest sie, was auf dem Zettelblock neben dem Telefon steht: Firma Moser anrufen, ob Staubsauger repariert ist.

„Der ist seit zwei Tagen fertig!" gibt die Firma Auskunft.

Den soll mein Schwiegersohn abholen, wenn er keinen Dienst hat, denkt die Oma.

Aber ihr fällt ein, daß sich Erich vor ein paar Wochen am Bein eine Sehne gezerrt hat. Und daß ihn diese Verletzung immer noch schmerzt. Da geht sie selber zur Firma Moser und holt den reparierten Staubsauger ab.

An allen Wochentagen kommt Julia nach der Schule zur Oma in die Schwalbengasse.

Heute gibt es Kartoffelpüree, Würstel und grünen Salat.

„Gibt es bald einmal gefüllte Paprika?" fragt Julia.

„Oja, bald!" verspricht die Oma.

„Der Salat ist aber schrecklich sauer", sagt Julia.

Die Oma findet zwar, daß er nicht zu sauer ist, doch sie rührt schnell ein paar Löffel Zuckerwasser in den Essig.

„Schmeckt gleich viel besser", stellt Julia fest.

Die Oma nickt. Die anderen sollen zufrieden sein. Dann ist sie es auch.

Sich selber nimmt die Oma nicht wichtig. Sie hat gar keine Zeit dazu.

„Warum plagst du dich mit den langen Haaren herum?" hat ihre Tochter schon mehrmals gefragt. „Und warum ziehst du nichts Buntes an?"

Die Tochter meint es gut, das spürt sie. Aber die Oma behält ihren Zopf. Jeden Morgen steckt sie ihn mit fünfzehn Haarnadeln zu einem Knoten auf. Und wenn sie sich etwas zum Anziehen kauft, ist es nie etwas Buntes.

Zum Muttertag hat sie einmal eine rote Seidenbluse mit schillernden Perlknöpfchen bekommen. Die Bluse gefällt der Oma, ihr fehlt bloß der Mut, sie anzuziehen. Die Oma begnügt sich damit, manchmal die rote, knisternde Seide ganz zart zu streicheln.

„Ist mein weißer Pulli schon trocken, Oma?"

Die Oma zieht die Hände aus der Abwasch und dreht sich um. Sie schaut schuldbewußt drein. „Oje, der liegt schon in der Krautschneidergasse drüben."

„Aber heute ist Mittwoch", mault Julia, „da zieh' ich am liebsten den weißen an, und du vergißt das einfach."

„Tut mir leid", sagt die Oma.

Der Mittwoch ist für die Oma ohnehin kein leichter Tag. Jeden Mittwoch hat Julia nachmittags Unterricht in der Ballettschule. Vorher trödelt sie immer besonders zäh mit den Hausaufgaben herum. Und die Oma hat jeden Mittwoch Angst, daß sie nicht pünktlich zur Tanzstunde kommen.

Zum Ballettsaal führt eine steile Holztreppe hinauf. Die Oma, schon am Fuß der Treppe außer Atem, hantelt sich keuchend am Geländer von Stufe zu Stufe.

Oben angelangt, wischt sie sich verstohlen die Schweißtropfen von der Oberlippe. Schnaufend hilft sie Julia beim Umkleiden.

In den Saal mit den großen Spiegeln darf sie nicht hinein. Nur hinter der Glastür darf sie stehen und beobachten, was im Saal geschieht.

Der Mittwoch ist kein leichter Tag für die Oma. Doch dieser Tag schenkt ihr auch eine besondere Freude. Es macht sie glücklich, wenn sie ihre Enkelin tanzen sieht.

Auf dem Rückweg trägt die Oma den Leinenbeutel mit den Ballettschuhen und dem verschwitzten Tanztrikot. In der Straßenbahn achtet sie darauf, daß

Julia einen Sitzplatz bekommt. Oft schauen die Leute, wenn Julia sitzt und die Oma daneben steht. Das stört die Oma nicht. Und Julia kümmert sich erst recht nicht darum, was die Leute denken.

Daheim kocht die Oma Kakao für Julia.

Sie selber nimmt sich nicht Zeit für eine Jause. Sie muß die beiden Hunde auf die Straße führen. Das macht sie täglich dreimal.

Die Oma zieht die Hunde vom Gehsteig weg zwischen zwei parkende Autos. Die Hunde hocken sich sofort nieder und leeren ihre Blase aus. Die Oma muß ein Bein hochziehen, damit ihr Schuh nicht naß wird. Dann springt sie über den See, den die Hunde hinterlassen haben.

Sie ist erstaunt, wie flott sie noch springen kann.

Für mein Alter bin ich noch recht gelenkig, denkt sie zufrieden.

Schon vor der Wohnungstür hört sie Julias Stimme. Julia telefoniert.

Als die Oma die Tür öffnet, sagt Julia hastig ‚Servus‘ und legt den Hörer auf.

Einen Satz hat die Oma deutlich bis hinaus gehört. ‚Der Papa meint, daß der Hannes jetzt schon groß genug ist!‘

Wofür? denkt die Oma. Ein sonderbares Gefühl beschleicht sie.

Wofür ist Hannes schon groß genug?

Julia lehnt am Türpfosten und schlenkert mit einem Bein. Sie sieht verlegen aus.

„Das war die Natascha, meine neue Freundin“, sagt sie zögernd. „Du kennst sie noch nicht.“

„Und was ist mit Hannes?“ Die Oma hat die Frage zurückhalten wollen. Jetzt ist sie ihr doch über die Lippen gerutscht.

„Die Natascha wohnt beim Stadtpark“, sagt Julia. „Ihre Eltern sind wahnsinnig reich.“

„Aha“, sagt die Oma und löst die Leine vom Halsband der Hunde.

Julia hat ihre Frage absichtlich überhört. Die Oma kränkt sich. Sie spürt einen kleinen Stich in der Brust. Aber sie wiederholt ihre Frage nicht.

Die Enkelin hat ein Geheimnis vor ihr. Mit einem fremden Mädchen hat sie über Hannes geredet. Mit der Oma nicht.

Das ist etwas Neues, denkt die Oma betrübt.

Julia holt ihr kleines Kofferradio vom Geschirrkasten und marschiert ganz schnell ins Wohnzimmer hinüber. Es kommt jetzt oft vor, daß Julia mit ihrem Radio ins Wohnzimmer auswandert. Immer seltener verlangt sie von der Oma, mit ihr etwas zu spielen.

Die Oma versteht das. Wenn Julia alleinsein möchte, ist es der Oma auch recht.

Heute ist sie aber direkt geflüchtet, denkt die Oma und wiegt den Kopf hin und her.

Julia hat nur den halben Kakao getrunken. Die Oma trinkt den Rest und wäscht die Schale und den Löffel ab.

Vom Butterbrot hat Julia nur einmal abgebissen. Der Abdruck ihrer Zähne ist deutlich zu sehen. Ein kleiner, gezackter Halbkreis.

Die Oma reißt das Brot in zwei Teile und hält sie den Hunden hin, die freudig danach schnappen.

Vom Zimmer klingt Schlagermusik herüber.

Die Oma schaut auf die Uhr. Bald ist es Zeit, Hannes vom Kindergarten zu holen.

Als sie mit Julia und Hannes die Wohnung in der Krautschneidergasse betritt, holt die Tochter eben die Decken und Kissen vom Balkon herein.

„Du hast das Bettzeug draußen vergessen, Mutter. Stell dir vor, wenn ein Gewitter gekommen wäre."

„Zum Glück ist keines gekommen", sagt die Oma friedlich.

Lotte hat im Warenhaus einen anstrengenden Dienst. Kein Wunder, daß sie abends nervös ist.

„Wir ziehen gleich die Sandalen aus", sagt die Oma zu Hannes.

„Wirklich, du verwöhnst ihn", bemerkt Lotte scharf. „Das muß er längst allein können."

Die Oma richtet sich auf und streicht ihren Rock glatt.

Daß ich die Wäsche und den Staubsauger gebracht hab', ist ihr noch nicht aufgefallen, denkt sie, und das Geheimnis? Wird sie mir das verraten? Schaut nicht danach aus!

„Also, dann geh' ich wieder", sagt sie. „Oder gibt es etwas Neues?"

„Etwas Neues? Wieso?" fragt Lotte. „Bei uns, meinst du?"

„Hätte ja sein können", antwortet die Oma. „War nur so ein Gedanke von mir."

Am Abend sitzt sie im Schlafrock vor dem Fernseher. Der Film, den sie anschaut, entführt sie in eine andere Welt. Jetzt ist sie nicht mehr die Oma in Schlafrock und Pantoffeln. Jetzt ist sie eine junge Prinzessin, die man in einem Schloß gefangenhält. Ihr Retter ist schon auf dem Weg zu ihr. Er galoppiert auf einem schneeweißen Pferd im Mondschein dahin.

Die Oma drückt sich tiefer in den Polstersessel. Vor Aufregung knetet sie ihre Hände.

Da läutet das Telefon.

Fast stolpert die Oma über die eigenen Füße, als sie zum Apparat hinausläuft.

Die Stimme ihrer Tochter klingt ihr ins Ohr. „Entschuldige, Mutter, ich hab' mich für die Wäsche und den Staubsauger nicht bedankt."

„Ist schon recht", sagt die Oma.

Auf das Telefontischchen gestützt, hört sie geduldig zu, was ihre Tochter alles erzählt. Sie wünscht sich zurück zum Bildschirm, sie möchte nichts von dem Film versäumen, aber sie unterbricht ihre Tochter kein einziges Mal.

Als sie ins Zimmer zurückkommt, reitet der junge Mann immer noch im Mondschein dahin.

Mit einem Seufzer sinkt die Oma wieder in ihren Sessel.

Viel hat sie geredet, denkt sie, bloß kein Wort darüber, wofür Hannes nun schon groß genug ist.

Die Leute vom Hinterhof, denen der schwarze Hund gehört, kehren vom Urlaub heim.

Zufällig schaut die Oma aus dem Fenster und sieht sie durch den Hof gehen. Der Mann trägt zwei Koffer. Die Frau trägt eine Reisetasche. Und auf dem Arm trägt sie ihren kleinen Jungen.

Zwei Stunden später fängt die Oma an, unruhig zu werden. Warum holen die Leute ihren Hund nicht ab?

Vielleicht soll ich hinuntergehen und ihn zurückbringen, überlegt sie.

Nein, das wäre aufdringlich.

Die Leute könnten glauben, sie wolle den Hund schnell los sein.

Die Oma kocht das Mittagessen. Gefüllte Paprika. Um diese Jahreszeit sind Paprikaschoten noch teuer, doch die Oma will Julia nicht enttäuschen. Die Nachspeise, Vanillepudding mit Kirschen, hat sie schon am Morgen in den Kühlschrank gestellt.

Julia ißt nur einen Zipfel von ihrem Paprika. „Keinen Hunger!" stöhnt sie. „Ich hab' mein Wurstbrot erst nach der Schule gegessen."

Bin selber schuld, denkt die Oma, ich hätte ihr gestern sagen müssen, daß es heute gefüllte Paprika gibt.

„Einen Pudding mit Kirschen magst du auch nicht?" fragt sie.

„Den schon", antwortet Julia, „der rutscht allein hinunter."

Der Oma fällt ein, daß sie sich jetzt eigentlich ein bißchen ärgern müßte. Über Julia und über sich selber. Es stimmt schon, was ihre Tochter oft sagt. Die Oma ist zu nachgiebig. Sie verwöhnt ihre Enkelkinder.

Haben die Leute vom Hinterhof ihren Hund vergessen? Sie lassen sich nicht blicken.

Ein paar Tage lang bleibt alles so, als wären die Leute noch nicht vom Urlaub zurück.

Einmal, mitten in der Nacht, wacht die Oma mit einem Stöhnen auf. Sie hat eben einen schrecklichen Traum gehabt. Im Traum ist der schwarze Hund ein großes schwarzes Pferd gewesen. So groß und dick war dieses Pferd, daß es die Oma nicht durch die Tür hinausschieben konnte.

Noch ganz benommen von ihrem Traum, starrt die Oma in die Finsternis des Zimmers. Kein Pferd, Gott sei Dank!

Das hätte mir gerade noch gefehlt, denkt die Oma, und dann lacht sie leise und erleichtert.

Oft kommt die Oma nicht dazu, in Ruhe die Zeitung zu lesen.

Heute abend, nachdem sie mit den Hunden noch eine Runde um den Häuserblock gedreht hat, macht sie sich ein Fußbad aus Heublumentee und greift nach der Zeitung.

Plötzlich richtet sie sich steif in die Höhe. Hat es nicht geklopft?

„Du meine Güte!" ächzt die Oma. Sie schwingt die Füße aus der Plastikwanne. Flüchtig tritt sie die Füße auf dem Handtuch ab, das neben der Wanne bereitliegt. Barfuß hastet sie zur Wohnungstür und schaut durchs Guckloch.

Draußen stehen die Leute vom Hinterhof.

Die gutmütige Oma knirscht mit den Zähnen. Ausgerechnet jetzt!

„Wir stören doch nicht?" sagt der Mann zu der barfuß dastehenden Oma. „Früher war's nicht möglich, leider. Wir haben unsere Fußböden frisch lakkiert, da konnten wir den Hund nicht brauchen."

Die Frau überreicht der Oma ein schwarzes Schultertuch mit langen Goldfransen.

„Das haben wir in Italien für Sie gekauft", sagt sie.

Die Oma bedankt sich vielmals für das Schultertuch. Sie tut, als wäre sie außer sich vor Freude.

Ein Schultertuch ohne goldene Fransen wäre ihr lieber gewesen. Sie will die Leute bloß nicht kränken.

Der schwarze Hund winselt in der Küche. Als ihn die Oma herausläßt, saust er an ihr vorbei. Er begrüßt die Frau und den Mann so stürmisch, wie man es von einem treuen Hund erwartet. Die Oma scheint er nicht mehr zu kennen.

„Kommen Sie einmal zu einer kleinen Kaffeejause zu uns", sagt die Frau.

Die Oma lächelt. „Sonntags könnte ich schon einmal, oja!"

„Das wird kaum klappen", meint der Mann und gibt dem Hund einen Schubs in Richtung Treppe. „An Sonntagen sind wir immer mit dem Auto unterwegs. Bei jedem Wetter."

Die bloßfüßige Oma nickt freundlich.

„War es schön im Urlaub?"

„Hat einen Haufen Geld gekostet", sagt der Mann.

„Das Essen hat uns auch nicht geschmeckt", sagt die Frau.

Dann wünschen sie der Oma eine gute Nacht.

Mit kalten Füßen geht die Oma zurück in die Küche.

Das Wasser in der Plastikwanne ist nur noch lauwarm.

Die Oma schüttet es weg.

Das Schultertuch mit den goldenen Fransen legt sie in den Wäscheschrank. In einen Winkel recht weit hinten.

Damit sie das Geschenk nicht jedesmal sieht, wenn sie die Schranktür aufmacht.

Die Oma hat noch eine ganz alte Nähmaschine, keine elektrisch betriebene. Man muß fleißig treten, damit die Nadel durch den Stoff rattert.

Auf dieser klapprigen Nähmaschine zaubert die Oma ein Kasperlkostüm für Hannes.

Eine Woche vor dem Kindergartenfest hängt das Kostüm an einem Kleiderbügel. Fein gebügelt und mit Flitter und silbernen Schellen behängt.

„Wo haben Sie das gekauft?" fragt die Frau aus dem Nachbarhaus, als sie ihren weißen Hund von der Oma abholt.

Die Oma lächelt ihr braves, höfliches Lächeln.

Sie wird so selten für etwas gelobt.

„Ach, selber gemacht", antwortet sie. „Meinen Sie, daß es meinem Enkel gefallen wird?"

Es gefällt ihm nicht. Während er sich in dem großen Wandspiegel betrachtet, zupft er an dem seidenen Jäckchen herum.

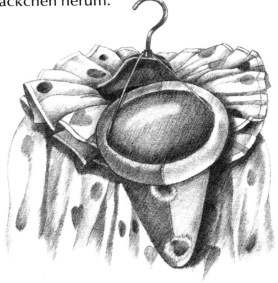

24

„Stimmt etwas nicht?" fragt die Oma besorgt.

Lotte klopft sie flüchtig auf den Rücken. „Wieso? Ist doch alles in bester Ordnung, Mutter. Vielleicht ist die Mütze eine Spur zu groß."

Erich hebt den Jungen auf und wirbelt ihn einmal im Kreis, damit er lachen soll.

Hannes verzieht den Mund. „Das ist kein echter Clown vom Zirkus", sagt er weinerlich. „Der schaut anders aus."

„Der Hannes hat lauter Stroh im Kopf", sagt Julia.

Hannes wird gleich losheulen. Das spürt die Oma.

Sie verabschiedet sich rasch. Noch rascher als sonst.

Auch an anderen Abenden hält sie sich nie lang in der Krautschneidergasse auf. Sie möchte nicht unnütz herumsitzen. Sie möchte nicht stören.

Und nie sagt jemand: ‚Bleib noch ein bißchen da!'

Langsam geht sie die Treppe hinunter.

Das Kasperlkostüm gefällt ihm nicht, denkt sie, er hat sich ein ganz anderes gewünscht. Der ganzen Familie gefällt es nicht! Alle haben so merkwürdig dreingeschaut!

Die Lippen der Oma werden schmal. Ihre Nase wird spitz.

Sie schwankt, als sie aus dem Haustor in die laue Abendluft hinaustritt.

Sie würgt an dem Groll, der in ihr hochsteigt.

Die vielen Stunden an der Nähmaschine! Und jetzt gefällt dem Buben das Kostüm nicht!

Der kleine Junge, der so enttäuscht in den Spiegel geschaut hat, kommt ihr auf einmal vor wie ein fremdes Kind.

Ecke Schwalbengasse trifft sie die Frau, der das winzige Geschäft neben dem Postamt gehört. Die Oma kauft ab und zu etwas bei ihr. Einen Zippverschluß, Knöpfe oder Häkelgarn.

Die Frau Körner ist ungefähr so alt wie die Oma.

Sie hat einen kecken rosa Hut auf. Über den Hut kann sich die Oma nur wundern. Ein Hut für ein junges Mädchen, denkt sie streng, der ist unpassend für die Frau Körner! Und die Wangen hat sie sich rot geschminkt – wie ein Clown!

Fast schämt sich die Oma, mit dieser Frau an der Ecke zu stehen. Schnell schaut sie auf ihre Armbanduhr und sagt:

„Du meine Güte, so spät ist es schon."

Die Frau mit dem rosa Hut scheint sich sehr darüber zu freuen, daß sie die Oma getroffen hat. Sie schiebt ihren Arm gleich unter den der Oma.

„Kennen Sie schon den neuen Eissalon in der Badstraße? Da kann man draußen im Gärtchen sitzen."

Die Oma schnappt nach Luft. „Nichts für mich", sagt sie abweisend. Und kopfschüttelnd fügt sie hinzu: „Ich hab' mindestens zwanzig Jahre kein Eis mehr gegessen."

„Ach, bitte", sagt Frau Körner, „allein kommt man sich so komisch vor. Ich bin zu schüchtern, allein hinzugehn. Aber manchmal möchte man auch einen kleinen Spaß haben."

Die Oma überlegt. Sie ist es gewohnt, anderen Menschen gefällig zu sein. Die Frau mit dem rosa Hut ist einsam. Soll sie ihr die Bitte abschlagen?

„Na schön", sagt sie leise.

In den Augen der Frau Körner leuchtet es auf.

„Wissen Sie, sonst sitze ich ohnehin jeden Abend daheim und glotze wie ein Idiot in den Fernseher", sagt sie.

„Genau wie ich", sagt die Oma.

Arm in Arm spazieren sie durch den Trubel der Hauptstraße.

Die Oma wundert sich. Statt wie sonst etwas Nützliches zu tun, schlendert sie einfach so dahin, guckt in Schaufenster und fühlt sich wohl dabei.

Daheim liegen Kindersöckchen, die sie stopfen sollte.

Daheim liegt eine halb fertige Strickweste.

Einen Kuchen fürs Wochenende müßte sie backen. Ihre Familie ist gewohnt, daß die Oma jeden Samstag einen Kuchen bringt.

Ich kann ja morgen ein bißchen früher aufstehen, denkt die Oma. Außerdem –

Sie staunt über den plötzlichen Einfall, daß sie ausnahmsweise beim Bäcker einen fertigen Kuchen kaufen könnte.

Vielleicht tu ich's, denkt sie, warum eigentlich nicht?

Im Straßengarten des Eissalons brennen schon die Lampen unter den Strohschirmen, obwohl es noch hell ist.

Durch die weit geöffnete Glastür schallt Musik heraus.

Ein süßer, verlockender Geruch schwebt in der Luft.

Der Garten scheint gestopft voll mit jungen Leuten, die Eis mit Waffeln essen, aus bunten Gläsern Limonade trinken und sich laut unterhalten.

„Da ist ja gar nichts frei", murmelt Frau Körner enttäuscht.

Die Oma hebt sich auf die Fußspitzen. „Doch – dort hinten im Winkel!" Und sie bahnt sich zwischen den Tischen und Stühlen beherzt einen Weg.

Frau Körner zappelt hinter ihr einher, kichernd wie ein junges Mädchen. Der Oma entgeht es nicht, daß ihre Begleiterin von vielen überraschten Blicken gestreift wird. Ist ja auch kein Wunder, denkt sie.

Doch als jemand mit dem Finger auf Frau Körner zeigt und zu lachen anfängt, verkneift sie ärgerlich den Mund.

Die Frau mit dem kecken rosa Hut und den gefärb-
ten Wangen tut ihr leid. Auf keinen Fall will sie den
Leuten zeigen, daß sie sich für ihre Begleiterin
schämt.

Sie dreht sich um, packt sie am Handgelenk und
schleppt sie mit hoch erhobenem Kopf an den freien
Tisch.

Früh am Morgen läutet das Telefon.

Wie elektrisiert zuckt die Oma zusammen.

„Du meine Güte!" ächzt sie. So zeitig wird sie sonst
nie angerufen.

Sie nimmt sich nicht Zeit, in die Pantoffeln zu
schlüpfen. Nur das lange Nachthemd rafft sie hoch,
damit sie nicht stolpert.

„Hallo?"

Ihre Tochter fragt ängstlich: „Ist etwas nicht in
Ordnung, Mutter? Ich hab' dich gestern ein paarmal
angerufen. War dein Fernseher wieder so laut aufge-
dreht, daß du das Klingeln nicht gehört hast?"

Die Oma gähnt verstohlen. Sie ist immer noch schlaftrunken. „Gestern abend?" fragt sie. „Ach ja, richtig! Da hab' ich gar nicht ferngesehn, da war ich im Eissalon."

„Wo? Im Eissalon? Seit wann gehst du Eis essen, Mutter?"

Die Tochter redet manchmal in einem Ton mit der Oma, als hätte die Oma eine Fensterscheibe eingeschlagen. Darüber wundert sich die Oma schon lang nicht mehr.

Ruhig antwortet sie: „Tut mir wirklich leid, daß du dir Sorgen gemacht hast."

Ein Seufzer kommt aus dem Hörer. „Übrigens – ich müßte über eine wichtige Sache mit dir reden."

„Ja?" Die Oma ist plötzlich ganz klar im Kopf.

„Nicht am Telefon. Nicht jetzt, Mutter."

„Ist es etwas Schlimmes?" flüstert die Oma.

„Was du immer gleich denkst. Nichts Schlimmes, nein. Bloß eine Änderung. Am Telefon kann ich's nicht erklären."

Die Oma schluckt.

Muß doch etwas Schlimmes sein, denkt sie.

„Sagst du es mir zu Mittag?"

„Um eins bin ich daheim. Wie jeden Samstag. Dann reden wir, Mutter. Dann hab' ich Zeit."

„Ist gut", sagt die Oma beherrscht.

Doch sie denkt: Wahrscheinlich ist es doch etwas Schlimmes.

Sie geht nicht mehr ins Bett zurück. Sie wäscht sich, bürstet ihre Haare, zieht ihr Hauskleid an und bindet sich die weiße Rüschenschürze vor.

Wenn ich schon so früh auf bin, könnte ich gleich den Teig für den Kuchen anrühren, überlegt sie, während sie die Haare zu einem Knoten aufsteckt.

Aber etwas hält die Oma davon ab.

Ein Geräusch. Ein verdächtiges Geräusch in der Wohnung nebenan.

Sie preßt ein Ohr an die Wand und lauscht.

Eine Schublade wird gerüttelt. Eine Schranktür knarrt.

Die Nachbarin ist doch im Krankenhaus!??

Einbrecher! denkt die Oma.

Sie hat schon ein rotes Ohr vom Horchen.

Ihr Herz hämmert.

Jetzt fängt ein Mann zu reden an. Also müssen es mehrere sein. Jedenfalls zwei.

Dann, ganz plötzlich, erhellt sich das Gesicht der Oma. Was sie da hört, sind Nachrichten aus dem Radio.

Die Oma reibt sich das Ohr und lacht leise.

Sie holt vom Küchenkasten ein Glas Pfirsiche herunter. Das hätte sie der Nachbarin morgen ins Spital gebracht. Auch an den Sonntagen vorher ist sie mit einem Glas Kompott zu der Nachbarin ins Krankenhaus gefahren. Die Oma hat ja nur sonntags Zeit, sonntags wird sie von ihrer Familie nicht gebraucht.

Den Kuchenteig mach' ich später, beschließt sie, nimmt einen Schlüsselbund vom Haken, läßt die Tür hinter sich einschnappen und klopft bei der Nachbarin an.

Die Nachbarin lädt sie gleich ein, mit ihr Kaffee zu trinken.

„Dazu kann ich Ihnen nur ein paar Kekse anbieten", sagt sie. „Ich bin zwar schon seit gestern nachmittag wieder daheim, aber statt einkaufen zu gehen, hab' ich mich sofort ins Bett gelegt."

„Macht nichts", sagt die Oma, „ich kann ja von mir Brot und Butter herüberholen."

Sie geht schwungvoll zu ihrer Wohnungstür.

Dort erstarrt sie vor Schreck.

Die Oma, in Hauskleid, Schürze und Pantoffeln, kann nicht in ihre Wohnung hinein.

Der richtige Schlüsselbund hängt drinnen am Wandbrettchen. Den falschen hält sie in der Hand. Es ist der Schlüsselbund für die Wohnung in der Krautschneidergasse.

Die Oma stößt einen kurzen, spitzen Schrei aus.

Sie muß sich an den Türrahmen lehnen.

Ihre Gedanken wirbeln im Kreis.

In den Beinen hat sie ein Gefühl, als wären sie aus Gummi.

Die Oma blinzelt an sich hinunter. Hauskleid und Schürze. Nackte Füße in Pantoffeln.

32

Was hat sie davon, daß in der Wohnung ihrer Tochter eine zweite Garnitur ihrer Schlüssel hängt?

„So wie ich aussch', kann ich doch nicht in die Krautschneidergasse gehn", sagt sie zu der Nachbarin.

„Wie wär's mit einem Taxi? Das Geld dafür kann ich Ihnen leihen."

„Du meine Güte", stöhnt die Oma. „Das gibt ein Aufsehen!"

„Überhaupt nicht. Es ist die einfachste Lösung."

Die Oma wackelt verzagt mit dem Kopf.

„Sie meinen, ich könnte wirklich in Pantoffeln –"

Die Nachbarin hat den Telefonhörer schon abgehoben. Sie legt ihn mit einem Seufzer wieder auf.

„Vielleicht finde ich Schuhe, die Ihnen passen."

Sie drückt die Oma auf einen Sessel und reiht alle Schuhe, die sie besitzt, vor ihr auf. Schon nach dem zweiten Paar sinkt die Oma in sich zusammen. „Wenn alle so schmal und so klein sind, muß ich vielleicht doch –" murmelt sie. „Was meinen Sie?"

Die Nachbarin ist schon ein bißchen nervös.

Sie nimmt der Oma unsanft den Schuhlöffel aus der Hand. „Sie gehen am besten gleich hinunter und warten hinter dem Haustor", sagt sie. „Ich rufe jetzt die Taxizentrale."

„Ja, bitteschön", sagt die Oma und marschiert gehorsam zur Tür.

„Warten Sie! Das Geld!"

„Du meine Güte, der Tag fängt ja gut an", flüstert die Oma. „Und Ihnen mache ich auch solche Schwierigkeiten, das tut mir besonders leid."

„In Zukunft müssen Sie eben besser achtgeben", sagt die Nachbarin nicht gerade freundlich.

„Ja", sagt die Oma.

Dann geht sie zerknirscht die Treppe hinunter.

Das Taxi, ein silberglänzender Mercedes, hält vor dem Haustor.

Die Oma klettert hinein. Vom linken Fuß rutscht ihr der Pantoffel und purzelt ins Rinnsal. Der Fahrer greift nach hinten, um die Wagentür zu schließen. Gerade im letzten Moment kann die Oma die Hand zurückziehen.

„Ich hab' meinen Pantoffel –" stammelt sie, „aber ich hab' ihn erwischt, Gott sei Dank!"

Lautlos rollt der Wagen an. Die Oma, in die Ecke gedrückt, starrt ins Leere.

Eine Kurve. Und noch eine.

„Da sind wir schon", sagt die Oma. „Bitte, warten Sie, ich bin gleich wieder da."

„Das hätten Sie zu Fuß auch geschafft", meint der Fahrer. Er ist muffig. Eine so kurze Fahrt bringt nichts ein.

„Entschuldigen Sie", sagt die Oma, „ich bin wirklich gleich zurück."

Sie hastet zur Wohnung ihrer Tochter hinauf.

„Wenn mich bloß niemand sieht", ächzt sie leise.

Sie sperrt die Wohnung auf. Sie angelt ihren Schlüsselbund vom Haken.

Da geht die Küchentür auf.

„Oma, was ist los?"

Der Schwiegersohn! Der Oma bleibt beinahe das Herz stehen.

„Ich hab' die Schlüssel verwechselt", stößt sie hervor. „Unten wartet das Taxi –"

„Du machst Sachen", sagt der Schwiegersohn halb ärgerlich, halb belustigt.

Ans Treppengeländer gelehnt, schaut er der Oma nach.

„Diese Alten!" sagt er, bevor er in die Wohnung zurückgeht.

Die Oma hört es nicht mehr. Durch den Flur sausend, hört sie eine wütende Autohupe. Das Taxi steht in zweiter Spur. Ein vollbesetzter Reisebus kann an ihm nicht vorbei.

„Jetzt aber schnell!" schreit der Taxifahrer.

Die Oma verliert in der Eile wieder einen Pantoffel. Diesmal den rechten.

Die Oma bückt sich nach dem Pantoffel, doch sie nimmt sich nicht Zeit, hineinzuschlüpfen.

Sie packt ihn und klemmt ihn unter den Arm.

Der Busfahrer hat sein Fenster aufgemacht. Er schimpft heraus.

Die Oma sinkt auf den Polstersitz. Der Fahrer drischt den Wagenschlag zu. „Zum Glück hab' ich Humor!" knurrt er.

Die Oma hält ihr Kinn fest. Der Fahrer soll nicht hören, wie ihre Zähne klappern. Wann hat sie sich zuletzt so furchtbar geschämt? Daran kann sich die Oma nicht mehr erinnern.

36

Die Nachbarin ist wieder freundlich. Sie bittet die Oma, ihr ein paar Kleinigkeiten zu besorgen.

„Ich denke, Sie gehen ohnehin einkaufen", sagt sie. „Und ich bin leider immer noch wackelig auf den Beinen."

Die Oma rennt auf den Gemüsemarkt, in die Drogerie, in die Fischhalle und in den Selbstbedienungsladen.

Sie räumt ihre Wohnung auf. Sie kocht das Mittagessen und deckt den Tisch. Der Sonntagskuchen, den sie schließlich doch selber gebacken hat, steht zum Abkühlen auf der Fensterbank.

Vor dem großen Spiegel kann sie feststellen, daß an ihrer Person alles in Ordnung ist. Kein Stäubchen läßt sich an dem dunkelblauen Kleid entdecken. Auch an dem runden weißen Spitzenkragen ist nichts auszusetzen, da liegt jede Zacke, wo sie hingehört.

Die Oma beugt sich näher zum Spiegel hin.

Aha! Die drei grauen Barthaare an ihrem Kinn sind schon wieder nachgewachsen.

Die Oma zupft sie mit der Pinzette aus.

Noch ein letzter prüfender Blick ins Spiegelglas.

Jetzt ist die Oma zufrieden.

Jetzt hat sie nichts mehr zu tun, bis die Enkelkinder zum Mittagessen kommen.

Seit ein paar Wochen muß Julia am Samstag ihren Bruder vom Kindergarten abholen. Das hat der Schwiegersohn angeschafft.

Damit sich die Oma den Weg erspart. Es soll für die Oma eine Hilfe sein.

Aber der Oma ist das gar nicht recht.

Sie stellt sich ans Fenster und schaut unruhig in die Richtung, aus der die Kinder kommen müssen.

Heute beklagt sich Julia wieder bei der Oma.

„Der Hannes bleibt bei jedem Schaufenster stehn! Seine Tasche will er auch nicht selber tragen. Und wenn ich nur ein bißchen schimpfe, fängt er gleich zu heulen an!"

„Das gibt sich mit der Zeit", meint die Oma tröstend. „Er ist ja noch klein."

Julia will nicht immer getröstet werden. Sie wünscht sich, daß ihr die Oma recht gibt. Sie möchte die Oma auf ihre Seite ziehen. Julia glaubt nämlich, daß die Oma den kleinen Hannes mehr lieb hat als sie. Das kommt ihr ungerecht vor.

Während sie die Suppe löffelt, denkt sie nach.

Und plötzlich sagt sie: „Du, Oma, gestern hat's einen Riesenkrach gegeben. Weil dem Hannes dein Kasperlkostüm nicht gefällt. Da hat die Mama gemeint, man kann ja von der Leihanstalt eines borgen."

„Sicher", sagt die Oma ruhig. „Das kann man."

„Der Papa ist aber dagegen. Er hat die Mama und den Hannes angeschrien. Besonders den Hannes. Wenn er das Kostüm nicht mag, läßt ihn der Papa überhaupt nicht auf das Fest gehen."

Hannes blinzelt in seinen Teller.

„Stimmt es vielleicht nicht?" fragt ihn Julia.

„Ist schon recht", sagt die Oma. „Weißt du, Julia, da mische ich mich nicht hinein. Es ist besser so."

Still sammelt die Oma die Suppenteller ein und stellt sie in die Abwasch.

Jetzt bin ich wenigstens vorbereitet, denkt sie.

Ich müßte über eine wichtige Sache mit dir reden, hat ihre Tochter am Telefon gesagt.

Jetzt bin ich wenigstens vorbereitet, denkt die Oma wieder. Um das Kasperlkostüm geht es, aha! Ist schon komisch – es stört mich eigentlich gar nicht mehr, daß dem Buben das Kostüm nicht gefällt!

Doch nach dem Mittagessen, als sie mit den Enkelkindern in die Krautschneidergasse geht, hat die Oma wildes Herzklopfen. Beim Stiegensteigen bekommt sie fast keine Luft. Bis sie oben vor der Wohnungstür anlangt, muß sie dreimal rasten.

„Sei so gut, setz dich", sagt Lotte und nimmt ihr die Schachtel mit dem Kuchen ab. Und zu den Kindern sagt sie: „Ihr bleibt gefälligst draußen."

Sie drückte die Küchentür hinter ihnen zu und lehnt sich dagegen.

„Es läßt sich nicht länger aufschieben, Mutter. Ich muß es dir endlich sagen – wir fahren heuer nicht nach Siebenstein."

Die Oma fragt nicht, warum. Sie faltet die Hände im Schoß und wartet.

„Also – du kannst dieses Jahr nicht mit uns auf Urlaub gehen. Wir wollen mit den Kindern nach Griechenland. Ans Meer."

Die Oma nickt still.

„Wir haben ja überlegt, ob wir dich mitnehmen sollen, ehrlich, Mutter. Aber Leute in deinem Alter steigen nicht gern in ein Flugzeug. Und schwimmen kannst du auch nicht, da hätte es wirklich keinen Sinn – und die Hitze dazu –!"

„Ans Meer, das ist schön", sagt die Oma und lächelt.

Unter dem Tisch liegt ein Kugelschreiber. Den angelt die Oma mit dem Fuß hervor, hebt ihn auf und betrachtet ihn, als hätte sie noch nie einen Kugelschreiber gesehen.

Wie von fern hört sie ihre Tochter sagen: „Wir haben es uns schon lang gewünscht, und jetzt ist der Hannes endlich groß genug."

Die Oma legt den Kugelschreiber auf den Tisch. Leise sagt sie: „Den hab' ich grad' gefunden."

Lotte geht rasch auf die Oma zu und greift nach ihrer Hand. „Ich versteh' ja, daß du dich ein bißchen kränkst. Du bist eben gewohnt, daß wir jedes Jahr zusammen nach Siebenstein fahren."

„Schau' ich gekränkt aus?" Die Oma wiegt den Kopf hin und her. „Überrascht bin ich, weiter nichts.

Weißt du, manchmal hab' ich mich schon gefragt, ob es euch nicht zu fad ist in Siebenstein. Ich selber hab' mich, ehrlich gesagt, dort ab und zu gelangweilt."

„Im Ernst?" ruft die Tochter verblüfft aus. „Du?"

„Naja, ab und zu", sagt die Oma. „Wenn es tagelang geregnet hat, zum Beispiel. Da werde ich es mir heuer daheim gemütlich machen, viel spazieren gehen und lesen und alte Sachen ausmustern."

„Nicht zu fassen, was du für ein Schatz bist!" Lotte drückt die Oma an sich und küßt sie zärtlich.

Das hat sie seit vielen Wochen nicht mehr getan.

Gerührt und benommen tritt die Oma den Heimweg an.

Doch während sie einen Fuß vor den anderen setzt, fallen ihr plötzlich die neuen Liegestühle ein. Sie hat für diesen Sommer drei bunt gemusterte Liegestühle gekauft und auf dem Trockenboden versteckt. Die sind überflüssig geworden.

In den Fenstern auf der linken Straßenseite spiegelt sich die Sonne. Das blendet, denkt die Oma. Sie zwinkert und wischt sich mit dem Handrücken über die Augen.

Nicht, weil mir um's Geld leid ist, denkt die Oma, die Liegestühle haben ja kein Vermögen gekostet. Aber sie sind jetzt überflüssig. Zu nichts nütze.

Und du bist genauso überflüssig wie diese Liegestühle, sagt die Oma zu sich selber.

Dann verschwindet sie hinter dem Torflügel eines fremden Hauses. Die Oma meint nämlich, daß es sich nicht gehört, auf der Straße draußen zu weinen.

Vor der Oma liegt der halbe Samstag und der ganze Sonntag. Das sind viele Stunden, die ihr allein gehören.

Da muß die Oma leben, als hätte sie keine Tochter, keine Enkelkinder und keinen Schwiegersohn. Da wird sie nicht gebraucht.

Die Oma hat sich längst damit abgefunden, an Wochenenden keine Familie zu haben. Sie hat auch nie versucht, sich aufzudrängen. Sie will den Jungen nicht lästig fallen.

Daß sie Jahr für Jahr mit ihnen nach Siebenstein gefahren ist, war für Lotte und ihren Mann sehr praktisch. Sie konnten Radpartien machen, auf Berge steigen, abends zum Tanz gehen. Sie konnten tun, was sie wollten, denn die Oma kümmerte sich um die Enkel.

Die Oma steht in ihrer Küche vor der Kredenz und betrachtet das Meer.

Zu alt, denkt sie, es ist schon wahr, ich bin zu alt. Ich werde es niemals sehen.

Sie wärmt sich den Kaffee auf, der vom Frühstück übriggeblieben ist. Dann geht sie mit ihrer Handarbeitstasche in den Park. Und als sie beim Ententeich eine freie Bank entdeckt, freut sich die Oma. Sie schaut verträumt auf das flimmernde Wasser, bevor sie das Strickzeug aus der Tasche zieht. Mein Meer ist mitten in der Stadt, denkt sie, damit muß ich mich abfinden. Mein Meer ist ein Ententeich!

Am Montag wartet die Oma vergeblich darauf, daß Julia die Treppe heraufstürmt. Das Mittagessen ist längst fertig.

Die Oma wandert um den Tisch. Sie wandert zwischen Wohnungstür und Fenstern hin und her.

Ob die Küchenuhr vorausgeht? Nein, die Uhrzeit stimmt.

Die Oma ertappt sich dabei, wie sie am Daumennagel knabbert. Nägelbeißen ist keine Gewohnheit von ihr, nicht einmal als Kind hat sie es getan.

Was ist los mit dir? sagt die Oma streng zu sich selber.

In ihrem Magen fängt es an zu gurgeln. Der Hunger meldet sich, aber sie könnte jetzt nichts essen.

Der Gedanke, daß Julia etwas zugestoßen sein

könnte, quält die Oma von Minute zu Minute stärker. Viel zu oft liest man in der Zeitung von Kindern, die überfahren werden. Daß sie mit fremden Leuten mitgehen, zu fremden Leuten ins Auto steigen –

Bis zur zweiten Klasse hab' ich sie täglich abgeholt, denkt die Oma, im Winter hab' ich sie mit dem Schlitten heimgeschleppt, das war noch eine lustige Zeit!

Die Erinnerung an damals dauert nur ein paar Sekunden.

Vielleicht ist Julia nach der Schule in die Krautschneidergasse gegangen, um irgend etwas zu holen? Den Malkasten oder ein vergessenes Heft.

Die Oma stürzt ans Telefon. Sie verwählt sich zweimal, weil in der Hast ihr Finger von der Scheibe abrutscht.

Nach dem dritten Versuch meldet sich niemand. Die Oma zählt die Klingelzeichen. Zehn, elf, zwölf . . .

Sie rennt wieder zur Gangtür. Im Treppenhaus rührt sich nichts.

In fliegender Eile zieht sich die Oma um.

Jetzt gibt es für sie keinen Zweifel mehr, daß etwas passiert ist.

Drei Häuserblocks nur, dann ist die Oma am Ziel.

Sie wankt die Stufen zum Schultor hinauf.

Der Schulwart schrubbt den Flur. „Kein Kind mehr da", sagt er zu der Oma, „wir haben heute Feuerübung gehabt, seit zwei Stunden ist Schluß bei uns."

44

„Die 4. b auch?"

„Alle Klassen, liebe Frau."

„Das kann nicht wahr sein! Ich glaub's nicht! Vor zwei Stunden sollen alle schon gegangen sein?"

„Gerannt!" sagt der Schulwart.

„Gerannt! Wohin denn? Wohin denn, ich bitte Sie!"

„Bedaure, das weiß ich nicht, liebe Frau!"

„Ja, natürlich, das können Sie nicht wissen", sagt die Oma. „Entschuldigen Sie!"

„Sie regen sich bestimmt unnötig auf", sagt der Schulwart.

„Ach ja, sicher", flüstert die Oma. „Ich bin eben zu ängstlich."

„Wie die meisten Großmütter", sagt der Schulwart und wendet sich wieder seiner Arbeit zu.

Als die Oma über den Zebrastreifen läuft, löst sich ihr Haarknoten auf, die Haarnadeln sausen über die Pflastersteine. Die Oma muß auf die andere Straßenseite. Sie kann die Haarnadeln nicht suchen. Rasch stopft sie den baumelnden Zopf in den Ausschnitt ihres Kleides. Blindlings rennt sie weiter.

Der Polizist in der Wachstube telefoniert. Er deutet auf die Bank neben dem Eingang.

Erschöpft sinkt die Oma darauf nieder.

Der Zopf ist aus dem Halsausschnitt gerutscht. Sie stopft ihn hastig unter das Kleid hinein. Warten, warten! Die Oma knetet ihre Handtasche.

Fragen, ob es in der Umgebung einen Unfall gegeben hat, sonst kann ich nichts tun! Um Himmels
willen, wann hört er endlich zu telefonieren auf?

Ihr kommt das Telefongespräch schrecklich lang
vor, obwohl es nur wenige Minuten dauert.

Als sie in den Sonnenschein hinaustritt, ist kaum
eine Viertelstunde verstrichen.

Alles ringsum scheint der Oma ganz unwirklich.
Wie im Traum schleppt sie sich an den Hausmauern
entlang.

„Ist Ihnen schlecht?" fragt jemand.

Die Oma begreift nicht gleich, daß sie damit gemeint ist. Sie blickt in ein fremdes Gesicht. „Nein,
nein", beteuert sie und zwingt sich zu einem Lächeln.
„Nein, mir fehlt nichts!"

Der Polizist ist nett gewesen. Er hat sich ihre Ge-
schichte ruhig angehört, er hat ihr ein Glas Wasser
angeboten, er hat versucht, sie zu trösten.

„Es ist begreiflich, daß Sie sich um Ihre Enkelin
sorgen", hat er gesagt. „Aber das Kind wird im Park
sitzen oder an einer Ecke stehen und mit einer Freundin tratschen. Wenn man zehn Jahre alt ist, fängt man
eben an, ein bißchen selbständig zu werden, das
verstehen Sie doch?"

Die Oma soll sich gedulden. Sie soll daheim auf
Julia warten. Nur wenn Julia bis zum Abend nicht
auftaucht, soll die Oma wieder auf die Wachstube
kommen.

46

Lieber Gott, hilf mir, betet die Oma, als sie die Treppe zu ihrer Wohnung hinaufsteigt.

Das Telefon läutet. Die Oma reißt den Hörer hoch.

„Hallo?" Ihre Stimme zittert.

„Du, Oma, wir haben eine gefüllte Ente und Salzburger Nockerln gegessen. Und lustig ist es, das kannst du dir gar nicht vorstellen."

„Julia – wo bist du? Wo bist du?"

„Immer noch bei der Natascha, wo denn sonst? Geburtstag feiern. Ein winziges Glas Sekt haben wir bekommen, stell dir vor, echten Sekt, Oma."

Die Oma schluckt. Ihr Hals ist trocken. „Und ich – ich such' dich überall."

„Wieso? Ich hab' dir doch am Freitag gesagt, daß ich bei der Natascha eingeladen bin."

„Hast du?" Die Oma klammert sich an das Telefontischchen.

„Hab' ich! Das kannst du unmöglich vergessen haben, Oma. Du, die schreien schon nach mir, ich muß aufhören. Und mach dir keine Sorgen, der Papa holt mich am Abend ab!"

Julia schickt ein paar Küsse durchs Telefon.

Die Oma lacht gezwungen. „Genug, das kitzelt im Ohr."

„Du wirst doch nicht bös' sein auf mich?"

„Nein, nein, ist schon gut, Julia."

Eine Weile steht die Oma noch gebeugt vor dem Apparat.

Sie kneift die Augen zu und denkt nach, sie versucht sich zu erinnern.

Plötzlich richtet sie sich auf.

„Da irrt sich die Julia", sagt sie laut. „Kein Wort hat sie zu mir gesagt am Freitag, kein einziges Wort!"

Im Wandspiegel sieht sie ihr Gesicht.

Sie schaut in finster blickende Augen, auf einen schmalen, trotzigen Mund.

Die Oma ist tief gekränkt.

Mit einem Seufzer dreht sie sich vom Spiegel weg.

Diesmal stürmt sie nicht abgehetzt und nach Luft schnappend in die Wachstube, diesmal sinkt sie nicht auf die Bank neben der Tür. Still tritt sie ein und bleibt zwei Schritte vor dem Pult stehen.

Der Polizist erkennt sie nicht gleich. Die Oma hat sich verändert. Sie trägt ihr silbergraues Sonntagskostüm und die weiße Spitzenbluse, dazu einen Hut aus schwarzem Stroh.

„Ich war wegen meiner Enkelin da", sagt sie und lächelt scheu. „Es hat sich zum Glück alles aufgeklärt, sie ist bei einer Schulfreundin, Geburtstag feiern."

Es ist stickig warm in der Wachstube.

Der Polizist lockert mit einem Finger seinen engen Hemdkragen.

„Wahrscheinlich hat Ihnen die Enkelin nicht gesagt, daß sie später heimkommen wird als sonst?"

Die Oma sucht nach einer Antwort. Sie will sich über Julia nicht beklagen. Sie neigt den Kopf, zupft an ihren Spitzenhandschuhen herum und sagt: „Es war ein Mißverständnis, glaube ich. Entschuldigen Sie, bitte, daß ich Sie damit belästigt hab'! Es ist mir peinlich genug."

„Keine Ursache", sagt der Polizist und fängt an, in Papieren zu blättern.

Die Oma zieht sich auf leise quietschenden Sohlen zum Ausgang zurück und legt die Hand auf die Türklinke.

„Ich danke Ihnen", sagt sie. „Besten Dank!" Und obwohl sie fühlt, daß das schon genügt, sagt sie nochmals: „Ich danke Ihnen!"

„Wofür denn?" fragt der Beamte erstaunt.

Die Oma schaut auf ihre blank geputzten Schuhe hinunter. „Weil Sie so nett zu mir gewesen sind", sagt sie leise. Dann geht sie rasch auf den Korridor hinaus.

Ein Schwarm Tauben überquert den blauen Himmelsstreifen über der Häuserschlucht.

Der Oma ist zumute, als ob sie auch fliegen könnte. So leicht ist ihr plötzlich ums Herz.

Jetzt heimgehen? Überrascht stellt sie fest, daß sie dazu keine Lust hat.

Wenigstens einen Umweg will sie machen, die laue Luft will sie genießen, die ihr Gesicht streichelt.

Die Frau Körner fällt ihr ein.

Ich könnte doch auf einen kleinen Plausch –? denkt sie. Warum eigentlich nicht?

Sie kommen so selten zu mir ins Geschäft, hat sie neulich zur Oma gesagt. Besuchen Sie mich doch, ich freu' mich immer, wenn ich Sie sehe! Kommen Sie, auch wenn Sie nichts kaufen wollen!

Nichts kaufen! denkt die Oma. In ein Geschäft gehen und nichts kaufen, das gehört sich nicht!

Und während sie in Richtung Nelkengasse weitergeht, überlegt sie, was sie brauchen könnte. Sie braucht nichts. Keine Knöpfe, keine Stopfwolle, keine Nähseide.

Da beschließt die Oma, ein paar Meter Einziehgummi zu kaufen, obwohl sie eine ganze Rolle Einziehgummi daheim hat.

Der Laden neben dem Postamt ist geschlossen.

An dem verstaubten Rollgitter hängt eine Papptafel.

‚Auskunft bei Prokop, Tür 3!'

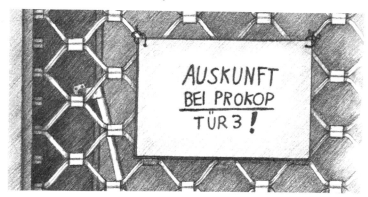

Ungläubig starrt die Oma auf die Papptafel.

Sie geht langsam bis zur Ecke des Häuserblocks, dreht sich um und geht ganz schnell wieder zurück.

Die Oma macht sich nichts vor. Besonders kann ich sie ja nicht leiden, gibt sie ehrlich zu, aber jetzt möchte ich doch wissen, warum sie das Geschäft zugesperrt hat.

Und schwungvoll marschiert sie durch den Flur zur Tür Nummer drei.

Eine junge Frau öffnet. Sie trägt ein halbnacktes, raunzendes Baby auf dem Arm.

„Ich wollte zur Frau Körner ins Geschäft", sagt die Oma.

„Ist recht", sagt Frau Prokop und drückt der verdutzten Oma das Kind an die Brust. „Sie müssen ihn halten, sonst brüllt er gleich wieder."

Die Oma umklammert das Baby und schaut sprachlos zu, wie Frau Prokop die Hintertür des Ladens aufsperrt.

„Nur immer geradeaus", sagt die junge Frau und segelt der Oma voran, durch ein enges, dämmriges Magazin ins Geschäft hinaus.

„Bitte, setzen Sie sich!"

„Danke!" sagt die Oma. Sie nimmt auf einem knirschenden Korbsessel Platz und bettet das Baby vorsichtig auf ihren Schoß.

„Was darf es sein?" Frau Prokop sieht sie erwartungsvoll an.

Um den Mund der Oma zuckt ein verhaltenes Lachen.

„Zwei Meter Einziehgummi", stößt sie hervor. „Schwarz oder weiß ist egal."

„Sonst nichts?"

Aus Gefälligkeit verlangt die Oma ein Dutzend Zwirnknöpfe, die sie nicht braucht, und ein Dutzend Sicherheitsnadeln, die sie nie verwenden wird.

Das Baby fühlt sich sehr behaglich auf ihrem Schoß. Es fängt vergnügt zu krähen an. Dann macht es seine Windel naß. Die Oma merkt es rechtzeitig und schiebt schnell ihre schwarze Lacktasche unter den feuchten Popo des Kleinen.

„Die Frau Körner wird hoffentlich nicht krank sein?" erkundigt sie sich wie nebenbei.

„Keine Spur", sagt Frau Prokop. „Sie hat nur viel zu erledigen. Schließlich fliegt sie in zehn Tagen."

Der Oma gibt es einen Riß. „Fliegt?"

„Nach Kanada."

„Nach Kanada fliegt sie?" fragt die Oma verblüfft. „Im Ernst?"

„Ist ja auch Zeit", ereifert sich Frau Prokop. „Zwölf Jahre wartet sie schon darauf, daß ihr Sohn sie einlädt. Das Geld für die Reise hat sie längst zusammengespart. Man muß sich das nur vorstellen – ihre drei Enkelkinder kennt sie bloß von Fotos."

„Enkelkinder", murmelt die Oma, „sie hat Enkelkinder."

Frau Prokop nimmt ihr das Baby ab. „Du meine Güte", ruft sie aus, „der Kleine hat Sie naßgemacht!"

„Nur ein bißchen", sagt die Oma.

Sie kramt ihre Geldbörse aus der Handtasche.

„Bleibt sie für immer in Kanada?" fragt sie.

„Was denken Sie!" Frau Prokop schneidet eine Grimasse. „Bloß zwei Wochen! Für zwei Wochen wirft sie ihre Spargroschen hinaus! Der Sohn hat ihr geschrieben, daß das Gästezimmer nicht länger frei ist. Haben Sie so etwas schon gehört?"

„Irgendwie klingt es herzlos", sagt die Oma. Und als redete sie mit sich selbst, fügt sie leise hinzu: „Anderen Leuten wird gesagt, daß sie für's Fliegen zu alt sind – da bin ich jetzt nicht mehr so sicher!"

„Bitte, vergessen Sie das Päckchen nicht", sagt Frau Prokop. „Und falls Sie wieder etwas brauchen –"

‚Du bist ein altes Musterkind, das immer brav seine Aufgaben macht!'

Das hat der Schwiegersohn am Muttertag zur Oma gesagt.

Nach außen hin ist sie auch jetzt die brave Oma, die keine Pflicht versäumt.

Die bescheidene Oma. Die freundliche Oma. Das Hausmütterchen mit der schön gebügelten Schürze.

In ihrem Alltag verändert sich nichts. Die Oma richtet sich nach den anderen. Die Oma ist für die anderen da.

Nur in ihrem Inneren, ganz heimlich, hat sich etwas verändert.

Aus einem Glutpünktchen flackert eine Flamme auf, eine brennende Sehnsucht.

Während sie Kartoffeln schält oder ein Fenster putzt oder Kindersöckchen stopft oder schwere Taschen vom Markt heimschleppt, gibt sie sich dieser Sehnsucht hin.

Die Oma träumt mit offenen Augen.

Sie phantasiert.

Sie fühlt, wie ihr Flügel wachsen.

Mit Leichtigkeit schwebt sie aus der Schwalbengasse und aus der Krautschneidergasse fort. Sie läßt alles hinter sich. Die Schmutzwäsche. Den Bügeltisch. Das Strickzeug. Die Staubtücher, Bürsten und Besen.

Weit fort fliegt sie, bis ans Meer.

Einmal davor stehen! Die Finger in die Wellen tauchen! Dem Meer die Hand geben!

Beinahe hört sie das Wasser. Es rauscht vom fernen Horizont heran, es kichert über den Sand zu ihren Füßen.

Ich bin es, dein Ansichtskarten-Meer! Bist du endlich gekommen? Hast du dich endlich getraut?

Die Oma versteckt ihre Flügel sehr geschickt. Niemand soll die Flügel sehen, die gar nicht zu ihr passen.

„Weißt du es schon, Oma? Jetzt geht der Hannes doch in deinem Kasperlkostüm zum Kinderfest."

„Mhmhm", macht die Oma.

„Der Papa hat es angeschafft", sagt Julia. „Weil du sonst beleidigt bist."

„Wer soll beleidigt sein?" fragt die Oma zerstreut.

Sie hat heute vormittag aus dem Drahtkorb vor dem Reisebüro ein paar Prospekte gefischt und heimgetragen. Sie denkt jetzt immerzu an die Heftchen mit den schönen Farbfotos, die sie unter ihre Bettdecke geschoben hat.

„Freust du dich nicht?" fragt Julia. „Aber du wirst doch mitkommen?"

„Jaja!" Die Oma stockt. „Das heißt – falls es notwendig ist. Braucht ihr mich denn dabei?"

„Das nicht!" entfährt es Julia. „Nur fragen muß man dich wenigstens, meint der Papa."

„Sehr laut wird es halt sein!" Die Oma zieht die Schultern hoch. „Die vielen Kinder!"

„Genau dasselbe hat die Mama auch gesagt. Und daß du am Wochenende deine Ruhe brauchst."

Die Oma lächelt. „Ich kann's mir ja noch überlegen, nicht?"

Sie weiß jetzt schon, daß es für sie nichts zu überlegen gibt. Sie wird nicht hingehen. Sie wäre nur ein Anhängsel, das aus Höflichkeit mitgenommen wird.

Die Oma horcht in sich hinein. Eigenartig, denkt sie, es tut nicht weh. Sie brauchen mich nicht, doch es macht mir nichts aus, ich kränke mich überhaupt nicht darüber.

Die Oma spürt ein seltsames Kribbeln im Hals. Ist das ein Seufzer, der herauswill? Es kann aber auch ein heimliches Kichern sein.

Mit zehn fängt man an, ein bißchen selbständig zu werden – bei mir hat's länger gedauert, denkt die Oma.

Julias Kofferradio schickt aus dem Zimmer eine beschwingte Melodie herüber. Der Straßenlärm brandet durchs offene Fenster.

Die Oma achtet nicht auf diese Geräusche.

Sie schiebt das Stopfholz in ein zerrissenes Kindersöckchen und hört das Meer rauschen.

Weit ist es von ihr entfernt, sehr weit. Die Oma glaubt es dennoch zu hören. Einen kleinen Schritt ist sie dem Meer schon nähergekommen.

Morgen weiß ich Bescheid, denkt die Oma.

Sie hat sich beim Arzt zur Untersuchung angemeldet.

An der Messingtafel mit der Aufschrift ,Dr. Franz Wagenzelt, praktischer Arzt' ist sie schon unzählige Male vorbeigegangen. Auf dem Weg zum Markt, auf dem Weg zum Selbstbedienungsladen.

Heute früh hat sie an der Messingtafel nicht einfach vorbeigehen können. Sie hat sich eingeprägt, wann der Doktor Sprechstunden hat. Und gleich nach dem Einkaufen hat sie die Telefonnummer des Dr. Wagenzelt gewählt.

Die Oma spannt sorgfältig Faden um Faden über das Stopfholz.

Morgen, denkt sie, morgen weiß ich Bescheid!

Abends trinkt die Oma sonst eine Schale Pfefferminztee und setzt sich in Schlafrock und Pantoffeln vor den Fernsehapparat.

Heute hat sie keinen Pfefferminztee aufgebrüht.

Heute hat sie den Fernsehapparat nicht eingeschaltet.

Sie sitzt vor dem offenen Kleiderschrank auf einem Schemel, umringt von schwarzen Spangenschuhen und braunen Schnürschuhen, von pelzgefütterten Halbstiefeln und Gummigaloschen.

Kampflustig wandert ihr Blick von einem Kleid, von einem Kostüm zum andern. Hellgrau, Dunkelgrau,

Dunkelblau, Braun, Schwarz! Der einzige Farbfleck ist die rote Seidenbluse.

In der Oma tobt ein wilder, herrlicher Sturm.

Sie sind gesund. Ihnen fehlt gar nichts!

Der Doktor hat sie zur Tür begleitet und ihr die Hand geschüttelt.

Vielleicht fehlt Ihnen ein Sonnenhut? Den werden Sie brauchen. Den Ohrenstuhl, falls Sie einen haben, schieben Sie in die Ecke. Ihre Familie darf Sie unbesorgt mitnehmen, es gibt keinen Grund, ihr davon abzuraten. Und grüßen Sie das schöne Griechenland von mir, grüßen Sie das Meer –

Die Oma hat genickt. Die Oma hat gelächelt und sich höflich bedankt. Sie hätte sagen können: Mitnehmen? Das nicht, bitte. Ich möchte nämlich nicht mitgenommen werden. Ich muß das allein schaffen, ganz allein.

Das hat sich die Oma nicht zu sagen getraut.

Sie ist ein bißchen rot geworden, weil sie den kleinen Irrtum nicht aufgeklärt hat. Und weil sie sonst lieber aufrichtig ist.

Die Oma räumt ihre Schuhe wieder ein. Sie schließt die Schranktür und dreht den Schlüssel um.

Durch das offene Fenster schwebt der Geruch von frischem Heu herein. Im Park ist heute der Rasen gemäht worden.

Ans Fensterbrett gelehnt, zieht die Oma den feinen Duft in die Nase.

In den Häusern gegenüber sind viele Fenster erleuchtet.

Die Oma läßt den Blick über die hellen Vierecke wandern, aber sie schaut sie nicht richtig an. Sie sieht sich selber wie in einem Film aus dem Haus des Doktors treten. Unschlüssig bleibt sie davor stehen. Im Flur hat sie die gehäkelten Sommerhandschuhe über ihre roten, groben Hände gezogen. Die zieht sie jetzt wieder aus und stopft sie in die Tasche.

Danach marschiert sie schnurstracks zu dem kleinen Reisebüro in die Berndorfergasse.

Ein junger Mann mit Nickelbrille steht hinter dem Ladenpult.

Die Oma steuert auf ihn zu.

„Guten Tag", sagt sie mit einer Stimme, die ihr ganz fremd vorkommt, „ich möchte im Juli ans Meer – eine Woche oder zwei. Irgendwohin, bloß nicht nach Griechenland."

Und als sie der junge Mann erstaunt ansieht, fügt sie hinzu:

„Dort war ich schon! Deshalb!"

„Für diesen Sommer sind Sie schon spät dran", sagt der junge Mann. „Und gerade für Griechenland hätte ich noch ein paar freie Plätze. Oder für Nordafrika."

„Nordafrika", haucht die Oma. „Du meine Güte!"

„Warum nicht?" sagt der junge Mann ruhig. „Zwei Stunden Flug und Sie sind drüben."

Die Oma wandert durch ihre Wohnung.

Der Sturm in ihrem Inneren will sich nicht legen.

Afrika? Ich? Bin ich übergeschnappt? Eine verrückte Alte bin ich – aber, wenn man's genau nimmt, schade ich ja niemand. Lotte und Erich und die Kinder sind dann sowieso in Griechenland. Dort brauchen sie mich nicht.

Der junge Mann vom Reisebüro wird sich um mich kümmern. Er wird alles für mich erledigen. Er wird mich anrufen.

Daran, daß sie ihn angelogen hat, will sie nicht mehr denken. Das war schäbig! stellt sie fest. Aber hätte ich sagen sollen, daß ich vermeiden will, zufällig meine Familie dort zu treffen? Nein, tausendmal Nein! Das geht nur mich etwas an. Und eigentlich war's keine richtige Lüge, es war eine Ausrede.

Plötzlich muß die Oma lachen. Weiter als bis Siebenstein ist sie in ihrem ganzen Leben nicht gekommen. Und jetzt – Afrika!

Zum Fotografen muß sie gehen, einen Reisepaß muß sie sich beschaffen.

Die vergilbten Lilien auf der Tapete im Wohnzimmer tanzen um die Oma herum.

Stimmt schon, ich bin verrückt! Verrückt und glücklich! Unbeschreiblich glücklich, ja, das bin ich!

Die Oma läßt sich auf das alte Sofa fallen und lacht und weint zugleich, doch leise, leise, damit die Nachbarin nichts davon hört.

Die Oma schleppt Einkaufstaschen, kocht und wäscht ab, sie kehrt, putzt und schrubbt, sie stopft, näht und strickt, begleitet Julia zur Ballettschule, holt Hannes vom Kindergarten und erledigt Besorgungen, die Lotte auf Zettel schreibt.

Das ist ihr Alltag, ihr gewohntes Leben.

Die Oma arbeitet gern. Sie weicht keiner Pflicht aus.

Daran will die Oma gar nichts ändern.

Mit den geheimen Flügeln, die ihr gewachsen sind, will sie nicht zum Mond fliegen. Aber die Flügel machen die Oma mutig. Sie machen ihr alle Schritte leichter. Sie geben ihr das Gefühl, eine persönliche Freiheit zu haben.

Die Oma besitzt jetzt einen Reisepaß. Sie nimmt ihn jeden Tag aus dem Versteck und schaut ihn staunend an.

In ihren Kleiderschrank zieht ein Sommerkleid ein, es ist hellgrün. Dazu kommen eine Woche später noch zwei freundliche Kleider, ein sportliches Leinenkostüm und weiße Blusen mit kurzen Ärmeln.

Dazu kauft die Oma leichte Schuhe und Sandalen.

Sie kauft einen Koffer und eine Reisetasche.

Sie kauft einen Sonnenhut.

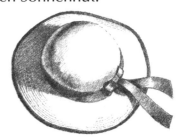

„Wir haben auch sehr hübsche Badeanzüge für die reifere Dame", sagt die Verkäuferin im Warenhaus. „Und wie wäre es mit einem Strandmantel?"

Die Oma schüttelt ablehnend den Kopf. „Ich kann ja nicht schwimmen", sagt sie.

„Entschuldigen Sie, das ist kein Grund", sagt die Verkäuferin. „Meine Oma, die viel älter ist als Sie und auch nicht schwimmen kann, fährt nie ohne Badeanzug ans Meer."

„Aha", sagt die Oma.

„Ein Badetuch zum Aufbreiten dazu? Pantoffeln für den Strand?"

„Bitte", sagt die Oma, „ich verlasse mich ganz auf Sie, liebes Fräulein."

Daheim versteckt sie ihre Schätze. Ihr Atem geht kurz und stoßweise. Sie schwitzt vor Aufregung. Alles muß weggeräumt sein, wenn Julia von der Schule kommt.

Am Morgen hat sie schon vorgekocht. Im Rohr steht die fertige Fleischsoße.

Jetzt muß die Oma nur noch das Wasser für die Spaghetti zustellen, den Tisch decken und den Salat waschen.

Die Oma schlüpft in ihr Hauskleid. Ihre Hände zittern, als sie die Schürzenbänder verknotet.

Das kommt von deinen Heimlichkeiten, sagt die Oma zu sich selber, wie kannst du dich wohlfühlen, du falsche Person! Du treibst es ja viel ärger als die Frau Körner mit ihrem komischen rosa Hut!

Als sie Julia die Wohnungstür öffnet, ist sie wieder die alte Oma. Sie lächelt und sagt: „Gleich kannst du essen, Julia." Und sie huscht in die Küche, seiht die Nudeln ab und füllt sie in die vorgewärmte Porzellanschüssel.

Julia holt die Limonade aus dem Kühlschrank.

„Weißt du, was die Natascha morgen in die Schule mitbringt? Zwei kleine Schildkröten!"

„Daß das erlaubt ist!" staunt die Oma.

„Es gibt ja fast nichts mehr zu lernen", sagt Julia. „In der Schule ist's jetzt direkt gemütlich." Sie tänzelt um den Tisch herum und fragt überraschend: „Magst du Schildkröten?"

Die Oma klopft den Kochlöffel am Rand der Fleischpfanne ab.

„Warum?" fragt sie vorsichtig.

Ein kurzes Schweigen entsteht. Dann sagt Julia: „Weil die Natascha die Schildkröten für mich mitbringt. Sie schenkt mir alle zwei.

„Das begreif' ich nicht", sagt die Oma. „Jetzt? Du kannst die Schildkröten doch nicht nach Griechenland mitnehmen."

„Ich hab' gedacht – du, Oma – von anderen Leuten nimmst du Hunde und Katzen – und daheim bleibst du sowieso – und so einsam wärst du dann auch nicht – stimmt doch?"

„Zum Kuckuck!" sagt die Oma mit ungewohnter Heftigkeit.

Julia starrt ihre Großmutter erschrocken an.

„Was hast du, Oma –?"

„Ich finde, du hättest mich vorher fragen sollen", antwortet die Oma steif.

„Mit der Mama hab' ich ja geredet darüber, und die Mama meint auch, daß du nichts dagegen haben wirst, sie meint, du nimmst sie sicher gern."

Der Oma fällt der Topflappen aus der Hand. Sie bückt sich rasch.

„Du bist doch nicht bös'?" fragt Julia.

„Nein, bin ich nicht. Ich war nur nicht gefaßt auf so etwas." Die Oma macht eine Pause. „Bis August hat das nicht Zeit?"

66

„Bis August? Wieso denn, Oma? Die Natascha muß die Schildkröten jetzt weggeben."

„Ach so – und du mußt sie nehmen."

Julia windet sich. „Ich hab's versprochen! Die Natascha muß die Schildkröten ganz schnell loswerden, weil ihrer Mama vor Schildkröten graust."

„Sie könnte die Schildkröten in die Tierhandlung zurücktragen", meint die Oma voll Hoffnung.

„Das will die Natascha nicht. Es muß ein Platz sein, wo sie die Schildkröten besuchen kann, sooft sie Lust dazu hat, sie will sich nicht richtig trennen von ihnen, das ist doch logisch, nicht?"

Die Oma preßt die Lippen zusammen.

„Ist es genauso logisch, daß ich daheim bleibe, während ihr in Griechenland seid?" fragt sie endlich matt.

„Entschuldige!" platzt Julia heraus. „Was macht es schon aus, wenn du sie nach Siebenstein mitnimmst? Da genügt eine kleine Schachtel. Zum Fressen brauchen sie auch nicht viel, nur Salat und solches Grünzeug –!"

„Ich fürchte, dein Versprechen war ein bißchen voreilig." Die Oma knetet ihre Hände. „Du hast dir das nicht überlegt. Ein Jammer ist das, ein Jammer."

„Hunde mit Flöhen", sagt Julia gepreßt, „Hunde mit Flöhen nimmst du! Von fremden Leuten! Warum willst du mir nicht helfen? So kleine Tiere, die gar keine Wirtschaft machen – ehrlich!"

Die Oma schaut Julia an. Was soll ich tun? Was?

„Bitte, Oma", sagt Julia halb erstickt, „sag' ja! Sag' doch ja, bitte."

„Mir bleibt nichts anderes übrig", sagt die Oma. Dann verteilt sie die Nudeln auf die Teller.

Die Leute vom Hinterhof lassen die Oma draußen auf dem Fußabstreifer stehen.

„Wir haben Besuch", sagt die Frau.

„Ist es wichtig? Hat es nicht Zeit bis morgen?" fragt der Mann im Hintergrund.

Die Oma schüttelt den Kopf und geht.

Sie hat schon bei mehreren Leuten angefragt, ob sie die Schildkröten nehmen könnten. Für zwei Wochen bloß. Und natürlich würde die Oma dafür bezahlen. Da haben die Leute dreingeschaut, als sollten sie ein Krokodil bei sich einquartieren.

Mitten im Hof liegt ein Fetzen Zeitungspapier. Die Oma stopft ihn in den Mistkübel. Den Deckel läßt sie mit einem Knall zufallen.

Die gutmütige Oma beißt die Zähne zusammen. Ein heißer Zorn brodelt in ihr hoch.

Wenn ich einmal etwas brauche, denkt sie verbittert, machen die Leute ihre Türen zu!

Für die Oma war es immer selbstverständlich, anderen zu helfen. Hunde, Katzen, Goldhamster und Meerschweinchen hat sie versorgt, Blumen hat sie gepflegt, Pakete hat sie übernommen, Wohnungen gelüftet, Besorgungen gemacht, Sachen hergeborgt, Ratschläge gegeben.

Die Oma nimmt die Ansichtskarten von der Kredenz. Schöne Grüße! Mehr hat sie von den Leuten nicht zu erwarten!

Sie läßt die Arme sinken.

Die vom Hinterhof sollen mir nächstes Jahr nur kommen, denkt sie, gerade mit diesem Hund, der keine Nudeln und keinen Reis frißt und heuer den Besenstiel zerbissen hat!

Nächstes Jahr sollen sie ihren Hund gefälligst impfen lassen und nach Italien mitnehmen!

Aber die Oma spielt nur mit dem Gedanken, einmal nicht die nette, gefällige Oma zu sein.

Sie steckt die Ansichtskarten wieder an die Kredenztür.

Die Oma ist viel herumgerannt heute. Die Füße tun ihr weh. Und alles umsonst, denkt sie.

Da fällt ihr plötzlich die Frau Prokop ein.

Und sie macht sich sofort auf den Weg zu ihr.

„Ein bißchen Geduld, wir sind grad' beim Nacht-
mahl", sagt Frau Prokop.

Sie zieht die verdutzte Oma am Ärmel in die
Küche. Dort sitzt ein junger Mann im Rollstuhl.
„Besuch?" fragt er und streckt die Hand aus. Ein Glas
Limonade steht seiner Hand im Weg, die Limonade
ergießt sich über den Tisch.

„Macht nichts, Karl", sagt Frau Prokop und tunkt
die Limonade rasch mit einem Geschirrtuch auf. Und
zur Oma gewendet, sagt sie: „Gleich bin ich fertig!"

„Guten Abend", sagt die Oma ziemlich verspätet
und beißt sich auf die Lippe. „Wenn es Ihnen recht
ist, komm' ich doch lieber morgen vorbei."

Frau Prokop putzt stehend einen Rest Gemüse von
ihrem Teller. „Nein, nein", antwortet sie freundlich,
„wir können sofort hinübergehn."

Es ist schon dämmrig im Laden. Frau Prokop
schaltet die Deckenbeleuchtung ein.

Die Oma sinkt wieder in den großen, knirschenden
Korbstuhl. Sie versucht, Frau Prokop ganz schnell zu
sagen, warum sie hergekommen ist. Aber sie druckst
bloß herum. „Schläft das Baby heute schon?" fragt
sie. „Und haben Sie schon Post von Frau Körner
bekommen?"

Daß sie einen Platz für die Schildkröten sucht,
bringt sie nicht über die Lippen. Frau Prokop würde
sie nicht enttäuschen, das spürt die Oma. Aber sie
spricht ihre Bitte nicht aus.

Als sie in die Schwalbengasse zurückgeht, hat sie ein nett verschnürtes Päckchen in der Tasche. Mit Stopfwolle, Nähseide, Häkelgarn, Stecknadeln und Schneiderkreide.

War schon richtig, daß ich sie nicht gefragt hab', denkt die Oma. Ihr Mann sitzt im Rollstuhl. Ein kleines Kind hat sie zu versorgen. Um den Laden der Frau Körner muß sie sich kümmern. Dazu hätte ich ihr noch diese verflixten Schildkröten aufdrängen sollen? Nein!

Die Oma starrt grimmig vor sich hin.

„Alte Hexe!" ruft ein Junge aus einem Fenster im Erdgeschoß.

Geht das mich an? denkt die Oma erschrocken. Dann biegt sie, ohne den Kopf zu wenden, hastig um die Ecke.

In der Nacht schläft sie unruhig. Sie träumt wirres Zeug. Besonders deutlich träumt sie dann gegen Morgen, daß sie mit dem rosa Hut der Frau Körner in Siebenstein herumspaziert. Und daß alle Leute über sie lachen.

„Ich will heim!" schreit sie.

Mit diesem Schrei weckt sich die Oma auf.

Noch benommen von ihrem Traum kriecht sie aus dem Bett und taumelt zur Kommode hinüber.

Auf dem Boden kauernd, zieht sie die unterste Schublade heraus. Ihre Finger tasten in der Lade umher, bis sie auf etwas Weiches stoßen, auf das Wolltuch, in das sie den Paß und das Flugticket eingewickelt hat.

Im grauen Morgenlicht betrachtet die Oma ihren geheimen Schatz.

Nur noch acht Tage, denkt sie.

Auf einmal ist die Oma hellwach.

Die Schildkröten! fährt es ihr durch den Kopf.

Die Oma wickelt den Paß und das Flugticket wieder in das Wolltuch ein.

Sie legt das Päckchen hinter die Fotoschachtel und schiebt die Lade zu.

Fröstelnd geht sie ins Bett zurück.

Einschlafen kann sie nicht mehr.

„Bedaure", sagt der Mann in der Tierhandlung, „für Kostkinder hab' ich keinen Platz in meinem Geschäft."

„Die sind ja noch so winzig, die Schildkröten", beteuert die Oma. „Eine kleine Kiste genügt ihnen. Und zum Fressen brauchen sie auch nicht viel – nur Salat und solches Grünzeug –!" Die Stimme der Oma zittert verdächtig. „Ist es nicht möglich, daß Sie eine Ausnahme machen?"

„Bedaure", sagt der Mann ungerührt, „ich hab' wirklich keinen Platz."

Die Oma fährt sich mit dem Handrücken über die Nase und schnupft verstohlen auf. „Ich weiß nicht

mehr aus und ein", stammelt sie. „An wen soll ich mich jetzt noch wenden? Die Zeit vergeht so schnell – und wenn ich die Schildkröten bis nächsten Donnerstag nicht unterbringe –" Die Oma kann nicht weiterreden.

Sie schluckt und schluckt.

„Naja", sagt der Händler, als die Oma schon nach der Türklinke greift, „werde ich eben ein paar Kunden fragen, vielleicht erbarmt sich einer. Schauen Sie morgen oder übermorgen wieder bei mir vorbei, aber versprechen kann ich gar nichts."

„Das versteh' ich", sagt die Oma. „Und entschuldigen Sie bitte die Belästigung."

Dann geht sie mit gesenktem Kopf auf die Straße hinaus.

Etwas Ungewöhnliches muß passiert sein. Das spürt die Oma sofort.

Julia geht herum, als hingen Gewichte an ihren Armen. Den ängstlichen Blicken der Oma weicht sie aus.

„Das Essen wird kalt", sagt die Oma. „Kommst du?"

Schweigend setzt sich Julia auf ihren Platz. Sie nimmt das Besteck und legt es wieder auf den Tisch zurück.

„Hast keinen Hunger heute?" fragt die Oma.

„Weiß ich nicht", antwortet Julia.

„Kann ich dir helfen? Irgendwie?"

„Nein, Oma." Julia dreht den Kopf und starrt durchs Fenster.

„Wenn du Angst vor dem Zeugnis hast –", sagt die Oma in die Stille hinein.

„Hör' auf, Oma. Ich bekomm' keine schlechten Noten."

„Vielleicht – tut dir etwas weh?"

Julia atmet plötzlich schneller. „Die Natascha ist falsch", keucht sie. „Heute sagt mir die Annemarie, daß die Natascha eigentlich ihr die Schildkröten versprochen hat."

Der Oma gibt es einen Riß. Sie stemmt die Füße gegen den Boden. „Wieso auf einmal?" fragt sie tonlos.

„Weil sie wieder gut sind miteinander, die Natascha und die Annemarie. Versöhnt haben sie sich, ganz dick! Und morgen soll ich die Schildkröten in die Schule mitbringen. Zur Zeugnisverteilung! Stell' dir sowas vor!"

Die Oma knetet ihre Hände im Schoß.

Sie muß jetzt schwindeln, sie muß betrübt dreinschauen, sie darf Julia nicht zeigen, was diese Neuigkeit für sie bedeutet.

„Und?" fragt sie. „Wirst du's tun? Nimmst du sie morgen mit?"

Julia verzieht den Mund. „Ist doch logisch – oder nicht?"

Die Oma freut sich. Und sie schämt sich dafür, daß sie sich freut.

„Weißt du was, Julia? Wenn dir leid ist um die Schildkröten, kauf' ich dir welche. Nach den Ferien – willst du?"

„Aber ich mag Schildkröten doch gar nicht", platzt Julia heraus. „Die spüren nicht einmal, wenn man sie streichelt – und – und –"

„Ja, ich versteh' dich schon", sagt die Oma. Sie geht um den Tisch herum und legt Julia die Hände auf die Schultern. „In ein paar Tagen bist du in Griechenland. Du wirst viel Neues erleben. Was dir jetzt noch wehtut – dort vergißt du es schnell."

„Du bist lieb, Oma", haucht Julia. „Und nie bist du falsch."

„Selten!" sagt die Oma. Es rutscht ihr einfach so über die Lippen. „Und wenn ich's einmal bin, dann schadet es keinem."

Sie küßt Julia zärtlich auf die Haare.

„Ich hab' dich gern", sagt sie.

„Du meine Güte, ich bin euch überall im Weg!"

Die Oma weicht zur Wand zurück, damit der Schwiegersohn mit dem großen Reisekoffer vorbeikann.

„Ach wo, bleib' nur", sagt Erich.

„Bitte, Mutter, setz' dich vielleicht ein paar Minuten zu den Kindern hinein", sagt Lotte. „Und vielleicht bringst du dem Hannes bei, daß er den großen Teddy nicht mitnehmen kann. Wir haben schon genug Handgepäck."

Die Oma denkt an das Päckchen, das sie hinter dem Schirmständer versteckt hat. Es sind zwei Plastiktiere zum Aufblasen, ein Schwan für Hannes und ein blauer Wal für Julia.

„In den Kinderkoffern ist auch kein Platz mehr? Ich hätte da noch eine kleine Überraschung für die Kinder –"

„Bitte, Mutter, die Koffer platzen schon!" sagt Lotte. „Und entschuldige, ich bin mit den Nerven fertig."

„Das versteh' ich ja", sagt die Oma leise. Sie versteht es wirklich. Und weil sie immer bestrebt ist, zu helfen und zu trösten, fügt sie hinzu: „Ihr seid doch früh dran – wenn ihr eine Stunde vor dem Abflug auf den Flughafen kommt, genügt das – ihr müßt euch gar nicht so abhetzen."

Lotte mustert sie erstaunt. „Du kennst dich aber gut aus, Mutter. Woher weißt du das?"

„Vom Fernsehen", antwortet die Oma schnell.

Erich kommt schnaufend die Treppe herauf.

„Die Kinder könnten im Flur auf unsere Sachen aufpassen, bis das Taxi kommt. Hannes! Julia! Abschiednehmen von der Oma! Und du, Lotte? Den Kopf noch voller Lockenwickler, nicht zu fassen!"

Ans Treppengeländer gelehnt, schaut die Oma ihren Enkelkindern nach. Ihre Wangen sind noch feucht von den vielen Küssen, die sie bekommen hat. Und sie hört immer noch Julias Frage: „Ist für die Oma bestimmt kein Platz im Taxi, Papa? Kann sie nicht wenigstens bis zum Flugplatz –"

Wieder wird die Oma umarmt, geküßt und getätschelt. Gib acht auf dich. Laß es dir gutgehen. Es sind ja nur drei Wochen. Und vielleicht fährst du doch nach Siebenstein, der Höllerer holt dich mit dem Auto ab, wenn du ihn anrufst. Wir schreiben gleich morgen. Gib um Himmels willen acht, daß dir die Wohnungstür nicht zufällt. Bleib gesund. Vielleicht bringst du es fertig, auch einmal zu faulenzen.

Sie meinen es ehrlich, die Tochter und der Schwiegersohn.

Sie fühlen sich nicht wohl bei dem Gedanken, daß sie die Oma allein zurücklassen.

Doch es muß eben sein, leider!

Die Oma und eine Reise im Düsenflugzeug! Das paßt nicht zusammen, das kann man sich überhaupt nicht vorstellen.

Im Taxi sagt Lotte: „Die Oma war eigentlich recht tapfer. Sogar gelacht hat sie. Und weißt du, was sie mir zugeflüstert hat, Erich? Gib dem Meer die Hand und grüß es von mir!"

Darüber müssen Julia und Hannes lachen.

Erich wendet kurz den Kopf zurück.

„So lustig ist das auch wieder nicht", sagt er ärgerlich.

Die Hand der Oma flattert über dem Fenstersims, bis das Taxi von der Krautschneidergasse abbiegt. Dann zieht sich die Oma mit einem Ruck vom Fenster zurück.

Sie schält sich aus ihrem Kleid und schlüpft in einen von Lottes Hauskitteln.

Ein Berg Geschirr wartet auf sie. Die Betten müssen frisch bezogen werden. Kein Ding liegt an seinem Platz.

Die Oma stürzt sich in die Arbeit, sammelt verstreute Söckchen und Spielsachen ein, fährt mit dem Staubsauger kreuz und quer durch die Wohnung, putzt Küche und Bad, räumt Reste von Wurst, Käse und Obst aus dem Kühlschrank. Zuletzt schließt sie die Balkontür und alle Fenster, schaltet den Strom und den Haupthahn am Gaszähler ab und trägt den Müllsack in den Hof hinunter.

Befriedigt geht sie heim. Jetzt kann sie in Ruhe anfangen, ihren Koffer zu packen.

Darauf freut sich die Oma. Schwungvoll setzt sie einen Fuß vor den anderen. Und mit Schwung betritt sie eine Parfumerie und kauft eine Tube Sonnencreme.

„Sonst noch einen Wunsch?" fragt der Verkäufer. „Haben Sie unser flüssiges Bodenwachs schon ausprobiert?"

„Ein anderes Mal", wehrt die Oma lächelnd ab.

„Das Waschpulver ist diese Woche stark verbilligt, gnädige Frau."

Die Oma hat das Brillenkarussell mit einem prüfenden Blick gestreift. Jetzt schaut sie es wieder an. „Ich weiß nicht recht. Eigentlich hab' ich noch alles daheim."

„Und wie wär's mit neuen Sonnenbrillen? Immer gut, wenn man eine zweite hat, man verliert sie ja so leicht." Der Verkäufer gibt dem Brillenkarussell einen kleinen Schubs. „Sie finden bestimmt eine, die Ihnen paßt."

Der kann Gedanken erraten, denkt die Oma.

„Ja, vielleicht", sagt sie zögernd.

Der Verkäufer zückt bereits einen Handspiegel. „Sie werden sehen, wenn Sie eine neue haben, werden Sie die alte gar nicht mehr aufsetzen wollen."

„Kann schon sein", antwortet die Oma.

Sie hat in ihrem ganzen Leben noch keine Sonnenbrille besessen.

Jetzt probiert sie eine nach der anderen und betrachtet sich kritisch im Spiegel.

„Sehr begeistert bin ich nicht", sagt sie. „Die sind alle so auffallend. Aber vielleicht ist mein Gesicht schuld."

„Erlauben Sie – wir haben keine altmodischen."

Die Oma geht mit einem Lächeln darüber hinweg. „Also, diese hier schaut ganz ordentlich aus." Und kühn fügt sie hinzu: „Die werde ich gleich aufbehalten!"

Sie hat ein banges Gefühl, als sie auf die Straße hinaustritt.

Übermorgen wird sie in achttausend Meter Höhe über die Erde brausen und in Afrika landen. Doch im Innersten ist sie immer noch die brave Oma, die sich vor dem eigenen Mut fürchtet.

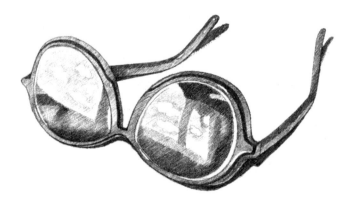

Zwei Nächte schläft die Oma noch im eigenen Bett.

Als sie am Morgen ihres Reisetags erwacht, rappelt sie sich sofort hoch.

Auf die Ellbogen gestützt, schaut sie im Zimmer umher.

Vor dem Fensterpfeiler steht der Koffer. Daran lehnt das Handgepäck.

Am Kasten hängt das neue Kostüm.

Heute! denkt die Oma.

Ihre Finger verkrampfen sich in der Bettdecke.

Die stolzen Flügel, die ihr gewachsen sind, spürt sie plötzlich nicht mehr.

Sie hat sich, meint sie, etwas Unerhörtes vorgenommen. Etwas viel zu Großes. Etwas, wovon man eben nur heimlich träumt.

Mit der Bahn nach Italien, das hätte auch gereicht. Das wäre aufregend genug. Auch das wäre schon ein Abenteuer. In meinem Alter, denkt die Oma vorwurfsvoll, da muß man sich wirklich an den Kopf greifen!

Anderseits – warum nicht? Es geht ja nur mich etwas an. Niemand hat einen Schaden. Jetzt, wo mich niemand braucht, hab' ich jede Freiheit.

Die Oma strafft sich. Sie schüttelt die Zweifel von sich ab. Schluß mit dem Grübeln. Um 20 Uhr geht meine Maschine. Und ich werde drinnen sitzen, damit basta!

Jetzt spürt sie ihre Flügel wieder. Sie stellt sich im Nachthemd ans offene Fenster. In tiefen Zügen atmet sie die frische Morgenluft ein.

Von gestern ist noch ein Rest Kaffee übrig. Den wärmt sich die Oma auf. Die Kaffeekanne wird gewaschen. Das Häferl. Der Löffel.

Die Oma will heute kein Geschirr mehr anpatzen.

Zu Mittag ißt sie zwei Butterbrote mit Radieschen. Danach löffelt sie den letzten Becher Joghurt aus.

Ihr Kühlschrank ist leer und abgetaut. Die Überbleibsel aus dem Kühlschrank ihrer Tochter hat die Oma auch schon gegessen. Sie läßt nie etwas verderben.

Gestern hat sie nochmals gründlich den Staub aus allen Winkeln gesaugt. Die Wäschetruhe ist leer. Die Schuhe, die sie nicht mitnimmt, stehen blank geputzt im Schrank. Der Fernseher und die beiden Fauteuils sind mit Tüchern verhängt.

Es gibt nichts mehr zu tun für die Oma.

Um vier Uhr öffnet sie nochmals ihren Koffer und überprüft seinen Inhalt. Fehlt bestimmt nichts? Soll sie vielleicht die rote Seidenbluse dazupacken? Und das Schultertuch mit den goldenen Fransen? Naja, warum eigentlich nicht?

Um halb fünf stellt sie ihr Reisegepäck griffbereit in die Nähe der Wohnungstür.

Die Oma rechnet nicht ernstlich damit, daß ihr etwas passieren wird. Für alle Fälle will sie aber einen Brief zurücklassen.

„‚Meine Lieben'", schreibt sie, „‚in der braunen Kassette findet Ihr meine Dokumente, das Sparbuch und das Testament. Bleibt gesund! Ich umarme und küsse Euch! Eure Oma.'"

Den Brief lehnt sie an eine Vase im Wohnzimmer.

Es wird Zeit, ein Taxi zu rufen.

Da läutet das Telefon.

Die Oma fährt herum. Ausgerechnet jetzt, du meine Güte! Zum Kuckuck mit dem Telefon!

„Hallo! Hallo, wer ist da?"

Ein Rauschen in der Leitung.

Dann eine vertraute Stimme: „Mutter, ich bin's! Ist alles in Ordnung bei dir?"

„Lotte – wieso –!" Die Oma drückt den Hörer fester ans Ohr. „Wo bist du, um Himmels willen?"

Lachend antwortet Lotte: „Na, wo denn? Im Hotel natürlich. Du, die Insel ist traumhaft – schade, daß du nicht hier bei uns sein kannst, Mutter."

„Macht ja nichts, ehrlich."

„Hauptsache, du bist nicht traurig."

„Nein, nein", beteuert die Oma, „ich fühl' mich wohl."

„Viel können wir nicht reden, Mutter, es wird sonst zu teuer. Ich ruf' dich nächste Woche wieder an."

„Nächste Woche?" Die Oma sucht nach Worten. „Kann sein, daß ich zufällig – ich meine, daß ich vielleicht nicht daheim bin –."

„Versuchen kann ich's ja."

„Sei nicht enttäuscht, wenn es nicht klappt", sagt die Oma mühsam. „Also – viele Bussi – auch an die Kinder."

„Bleib gesund, Mutter."

Die Verbindung ist unterbrochen. „Wiedersehen, Lotte", sagt die Oma ins Leere.

Ihr Herz klopft wie rasend. Und ihre Hand zittert, als sie die Nummer der Taxizentrale wählt.

Den Kopf an die Nackenstütze gepreßt, schaut die Oma starr über den Vordersitz hinweg.

Ihr ganzer Körper vibriert. Sie hat ein Gefühl, als stürze ein gewaltig tosender Wasserfall auf sie nieder.

„Gleich heben wir ab", sagt die junge Frau neben ihr.

Gleichzeitig tastet eine Hand zur Oma herüber und klammert sich an ihren Arm. „Darf ich mich ein bißchen festhalten, bitte?"

86

Die Oma versucht gar nicht zu nicken. Sie ist gefesselt von der ungeheuren Kraft, mit der die Maschine in den Himmel emporstößt.

Nach und nach lockert die Nachbarin ihren Griff. Schließlich zieht sie aufatmend die Hand zurück. „Für mich sind immer nur die ersten Sekunden so schrecklich, da könnt' ich sterben vor Angst."

Jetzt wendet ihr die Oma das Gesicht zu. Und wie aus einem Traum erwachend, sagt sie: „Aufregender ist es schon als Geschirrwaschen!"

Dann wagt sie es endlich, durch das Fenster zu schauen. Im letzten Tageslicht sieht sie nichts als Wolkenfetzen, die erschreckend schnell vorbeirasen.

„Wir dürfen uns schon abschnallen", sagt ihre junge Nachbarin. „Warten Sie, ich helfe Ihnen!"

„Danke", sagt die Oma.

Wo ist die Schwalbengasse? Wo die Krautschneidergasse?

Die Oma setzt sich bequem zurecht.

Zu alt? Hat das jemand im Ernst geglaubt?

Die Oma fliegt achttausend Meter über der Erde und lacht heimlich vor sich hin.

Die Oma klettert das steile Flugzeugtreppchen herunter.

Die Schwalbengasse ist längst in der Ferne versunken. Mitsamt den braven Großmutterkleidern und Schürzen und Schnürschuhen.

Nun betritt die Oma mit hellen Sommersandalen einen fremden Erdteil.

Im Hausflur, als sie ihren Koffer zum Taxi getragen hat, ist sie dem Mann vom Hinterhof begegnet.

„Guten Abend", hat er zögernd gegrüßt. Nach zwei Schritten hat er sich umgedreht und gemurmelt: „Sie sind es – in der Eile hab' ich Sie nicht gleich erkannt – !"

„Macht ja nichts", hat die Oma erwidert und ist flott weitermarschiert, schnurstracks auf das Haustor zu.

Das liegt weit hinter ihr. Die Oma denkt nicht mehr daran. Sie ist jetzt nicht mehr die Oma, die vor der Kredenztür steht und die Augen voll Sehnsucht über Ansichtskarten wandern läßt.

Sie steht vor dem Fließband und wartet auf ihren Reisekoffer. Sie passiert den Zoll wie nebenbei. Ganz so, als wäre das nichts Ungewohntes für sie.

Vor dem Flughafengebäude stehen die Autobusse. Die Oma findet den, mit dem sie fahren muß, bald heraus. Sie ist hellwach und aufmerksam.

Bevor sie einsteigt, lächelt sie einer Palme zu. Es ist die erste. Die erste Palme für die Oma.

Jetzt schaut die Oma durch ein Autobusfenster auf Kakteen und rot blühende Büsche, die das Scheinwerferlicht aus der Finsternis reißt.

Die Wange am Fensterrahmen, späht die Oma

hinaus. Tafeln mit fremdartigen Schriftzeichen hu-
schen vorbei, hinter Kakteenzäune geduckte Häuser,
gelbe Erdhügel, zerfallene Mauern. Ein winziges Café
am Straßenrand, ein Eselchen mit Tragkörben steht
schlafend davor.

Begierig nimmt die Oma alles in sich auf.

Mag der Autobus manchmal rütteln und holpern,
die Oma schwebt dahin. Eingehüllt in den Duft des
Jasminsträußchens, das man ihr nach der Landung
überreicht hat, gleitet sie durch die Nacht.

Der Mann neben ihr ist unruhig. Er schnauft und
gähnt. „Endlos die Fahrt zum Hotel", murrt er.

„Vielleicht können Sie ein bißchen schlafen", rät
ihm die Oma höflich.

. „Daheim wär's bequemer", stellt ihr Nachbar fest.

„Ach, ja?" Die Oma kuschelt sich wohlig in ihre
Ecke zurück. Sie beschließt, sich schlafend zu stellen.
Mit Leuten, die schlecht gelaunt sind, kann sie ihre
Freude nicht teilen. So fährt sie, still hingelehnt an
den Fensterrahmen, dem Meer zu.

Die Nacht ist zu dunkel. Sie kann es nicht sehen. Aber sie hört es, als sie die Balkontür aufschiebt. Sie hört das Meer, sie hört seine Stimme ganz deutlich. Große, gleichmäßige Atemzüge in der Finsternis.

Die Oma legt beide Hände auf das Balkongeländer.

Vier Stockwerke unter ihr breitet sich der Garten des Hotels aus. Laternen beleuchten die Wege und die Schwimmbecken, die weißen Gartenmöbel und den Tennisplatz zwischen hoch aufragenden Palmen. Und dort draußen, wie hinter einer schwarzen Wand, atmet geheimnisvoll das Meer.

Die Oma steht ganz still. Den Kopf geneigt, lauscht sie hinaus.

Wieso sie hier steht, danach fragt sie jetzt nicht. Sie will nicht grübeln, was ihr die Kraft gegeben hat, das Unglaubliche wahr zu machen. Hat es ihre alte Sehnsucht geschafft? Oder ihr junger Trotz? Nein, danach will die Oma nicht fragen.

Es ist mit ihr geschehen. Es ist einfach geschehen. Mit Wundern ist das so. Man kommt ihnen nicht auf die Spur.

Der Oma genügt es, zu staunen und dankbar zu sein.

Nur zögernd gelingt es ihr, die Hände vom Balkongeländer zu lösen.

Ich kann hier doch nicht warten, bis die Sonne aufgeht, denkt sie, das wäre schön verrückt!

Ein behaglicher Seufzer entschlüpft ihr, ein kleiner, glücklicher Seufzer.

Ein Blick noch hinaus in den Garten. Dann geht die Oma ins Zimmer zurück und packt ihren Koffer aus.

Als sie erwacht, ist es taghell.

Wie elektrisiert fährt sie hoch und schwingt die Beine aus dem Bett. Barfuß stürzt sie auf den Balkon, mit offenen, zerrauften Haaren.

„Das Meer!" sagt sie freudig erschrocken. Sie sagt es nochmals. Nur leiser, fast flüsternd. „Das Meer!"

Aus einer fernen, silbernen Dunstschicht glitzert es, von Schaumstreifen gekrönt, zum Ufer her. Der Oma wird seltsam schwindelig bei seinem Anblick. So unbeschreiblich schön ist es, so unbegreiflich schön und gewaltig.

Schritte im Garten, Stimmen, ein Kinderlachen. Die ersten Gäste gehen zum Restaurant frühstücken. Auf dem Strand regt sich noch nichts, er ist noch menschenleer.

„Da wird es Zeit", sagt die Oma. „Höchste Zeit für mich!"

Sie schleudert das Nachthemd aufs Bett, rennt ins Bad, schlüpft in das erstbeste Sommerkleid, steckt ungeduldig ihren Haarknoten fest.

Am Lift saust sie vorbei. Sie hastet die Treppe hinunter, läuft quer durch die Hotelhalle.

„Guten Morgen!" grüßt sie nach links und rechts.

Erstaunte Blicke folgen ihr.

Wer kann es so früh am Morgen hier eilig haben?

Die Oma aus der Schwalbengasse hat es so eilig.

Schon liegen die Gartenwege hinter ihr.

Sie marschiert durch gelben, tiefen Sand.

Näher kommt sie dem Meer, ein salziger, frischer Wind fährt ihr entgegen. Sie atmet ihn ein, mit weit offenem Mund.

Die Oma schlüpft aus den Sandalen und klemmt sie unter den Arm.

Schaum knistert über den Sand. Draußen hat das Meer eine mächtige Stimme. Hier flüstert es, hier spielt es lustig mit leeren Schneckenhäusern.

Die Oma ist am Ziel. Sie läßt die Tasche und die Sandalen am Ufer zurück, rafft den Rock ihres Kleides und geht einen Schritt ins Meer hinein.

„Schau einmal, was tut die Frau? Sucht die etwas?" fragt ein Junge. „Schau, Papa, die Frau unten am Strand!"

„Kann ja sein, daß sie etwas verloren hat", ist die Antwort.

Aber die Oma hat nichts verloren.

Sie greift einfach nur in die Wellen. Wieder und wieder.

Die Oma gibt dem Meer die Hand.